Auf in die Fremde!
Mit dem VW-Bus nach Indien
von Sybille Fleischmann

August 2011

erste Auflage
Herstellung und Verlag: Books on Demand GmbH, Norderstedt
ISBN: 978-3-8423-7308-2

*Sybille Fleischmann*

# Auf in die Fremde!

## Mit dem VW-Bus nach Indien

**Für all die Menschen da draußen, die das Unterwegs-Sein lebenswert machen –**

**allen voran mein Mann.**

## Zwei neue Familienmitglieder

Gespannt blicken wir aus dem Fenster, als wir nach fünf Stunden Autofahrt Mahlow erreichen, einen Vorort von Berlin. Der heutige Tag markiert den Beginn einer Ära: Wir kaufen uns einen VW-Bus. Vor vier Tagen haben wir ihn auf ebay ersteigert, um damit nach Indien zu fahren.
Diese Idee spukte schon länger im Kopf herum – aber nicht in meinem. Es war der Traum eines abenteuerlustigen, jungen Mannes: Michael. Wir haben uns vor vier Monaten in einem Münchner Kaufhaus kennengelernt. Ich verdiente mir damals neben dem Studium etwas Geld mit Promotion-Jobs für eine Fluglinie. Es wäre ein Tag wie viele andere geworden, hätte ich nicht in der Sanitärabteilung den hübschen, blonden Mann erspäht. 'Den muss ich ansprechen', schoss es mir durch den Kopf und ich ging zu ihm: "Hallo, willst Du auch mitmachen? Es gibt ein Gewinnspiel von Condor, da kann man Flugtickets gewinnen." – „Nein danke, ich habe schon ein Flugticket, in drei Wochen geht's nach Asien“, war die schroffe Antwort. Natürlich gab ich nicht so leicht auf, seine wachen, braunen Augen verrieten mir sein Interesse für mich. Ein paar Gewinnspielkarten später hatte ich endlich seine Telefonnummer – und Schmetterlinge im Bauch.
Nur wenige Wochen später hatten wir eine Rucksackreise nach Thailand und Kambodscha hinter uns und Michael kündigte seine Münchner Wohnung. Er zog zu mir ins zwanzig

Kilometer entfernte Gröbenzell und hatte nun genug Gelegenheit, um mir den Floh der Indien-Reise ins Ohr zu setzen. Er stöberte bei ebay und zeigte mir ein paar alte VW-Busse. Sie gefielen mir, jeder war ein Einzelstück und hatte Charakter, viel mehr als ein Wohnmobil von der Stange. „Die Dinger sind unkaputtbar", schwärmte er, „das ist gute, alte, deutsche Technik, da kann ich noch alles reparieren. Die Hippies in den 70ern sind genau mit diesen Bussen nach Indien gefahren, warum sollten wir das nicht auch schaffen?" – 'Es gibt tatsächlich einen direkten Landweg von Deutschland bis nach Indien...?', dachte ich bei mir, ließ den Gedanken aber besser unausgesprochen. Die Idee begann auch mich mehr und mehr zu faszinieren. So klickte ich mich mit wachsendem Interesse durch die ebay-Angebote, bis ich auf einen großen, orangen VW-Bus stieß. Ein VW LT 45 mit langem Radstand und Doppelbereifung hinten, ein Transporter zum Wohnmobil umgebaut. Er gefiel mir auf Anhieb und auch Michael befand ihn für weltreisetauglich. So ersteigerten wir ihn für knapp 2000 Euro – ohne ihn vorher live gesehen zu haben.

Die Spannung ist groß, als wir endlich den Hof des Gebrauchtwagenhändlers in Berlin-Mahlow erreichen. Wir sehen den Bus schon von der Straße aus, ich bin hellauf begeistert. Natürlich hat er ein paar Macken, schließlich ist er zwei Jahre älter als ich selbst, doch er hat Ausstrahlung und ist mir auf Anhieb sympathisch. Michaels Urteil ist dagegen gnadenlos. „Mein Gott, ist die Karre fertig!", raunt er mir zu, als wir das Fahrzeug näher in Augenschein nehmen. – „Wieso denn...?", will ich wissen. Die Frage beantwortet sich, als Michael mit einem Schraubenzieher den Unterboden untersucht und ohne viel Gegenwehr Löcher hineinstoßen kann. Die Karosserie ist doch ziemlich rostig – rostiger, als nach den Angaben des Verkäufers zu erwarten war. Wir begutachten den ganzen Bus. Der Wohnmobil-Innenausbau ist zusammengebastelt, ein Türgriff fehlt und einer ist kaputt. Bei der Probefahrt wird uns der VW LT sympathischer. Der Motor springt sofort an, alles scheint zu funktionieren. Wir entscheiden uns, den Verkäufer noch etwas herunterzuhandeln und den Bus dann zu nehmen. So einigen wir uns auf 1850 Euro und er gehört uns. Wir hatten keine Ahnung, ob der Bus den Strapazen, die ihm bevorstanden, gewachsen sein würde, doch die Entscheidung war gefallen.

Zu unserem Familienglück fehlt vorerst noch eins: Wir wünschen uns einen vierbeinigen Begleiter, einen Hund. Ich wollte schon immer einen haben und Michael hat sogar schon eine Rasse im Auge, von der er mir begeistert vorschwärmt: „Sie heißen 'Rhodesian Ridgebacks'. Es sind tolle Hunde! Die werden auch Löwenhunde genannt, weil sie in Afrika für die Löwenjagd gezüchtet wurden. Die werden riesig! Ich hab' sie das erste Mal in Südafrika gesehen – wunderschöne Tiere."
Sein Vorschlag stieß auf wenig Gegenwehr und nur drei Wochen später nehmen wir Gomolf in unsere Familie auf. Er ist damals acht Wochen alt und wird uns auf der Reise begleiten.
Innerhalb der nächsten sechs Monate sparen wir knapp 10.000 Euro, ich schreibe meine Diplomarbeit und wir planen eine Reise mit einem VW-Bus und einem Hund nach Indien.
In den kalten Herbsttagen sieht man uns oft bewaffnet mit Arbeitsleuchte und dicken Jacken an unserem rollenden Zuhause herumbasteln. In vielen Arbeitsstunden schaffen wir mehr Stauraum im Wohnbereich, verbessern die Matratzen und reparieren ein paar Kleinigkeiten. Ich sitze auf der Rückbank, während Michael an seinem Meisterstück bastelt: Eine Dusche, die bei Bedarf aufgebaut und danach wieder verstaut werden kann. Der kleine Gomolf kommt zu mir und bohrt schwanzwedelnd seinen Kopf zwischen meine Knie. Seine fröhliche Art bringt mich zum Lachen. „Hey Gomolf, bald ziehen wir los auf die große Reise", sage ich und streichele sein

kurzes, braunes Fell.

Die Vorbereitungszeit war anstrengend, voller Hoffnungen, Ängste und Sehnsüchte, Streit und Glück, Stress und Euphorie. Mittlerweile frage ich mich manchmal selbst, wie wir das alles geschafft haben.

Doch dann ist es endlich soweit.

**Auf nach Indien!**

08. Januar 2007: Am Abreisetag ist alles noch sehr unwirklich. Als wir uns später einmal darüber unterhalten, bemerkt Michael so treffend, dass es eigentlich ein Tag wie jeder andere war, nur dass wir am Morgen feststellten: „Ach ja, wir fahren ja heute nach Indien. Mach schnell, wir müssen noch jede Menge einpacken". Wir haben uns bei meiner Mutter zum Abschiedsbrunch eingeladen. Daraus wurde dann ein Lunch und am Ende schließlich ein frühes Abendessen. Als wir es endlich geschafft haben, essen wir eilig und instruieren sie in alles. Sie ist glücklicherweise bereit, sich um unsere Sachen zu kümmern während wir weg sind. Haupsächlich heißt es: „Hey Mutti, tut uns leid aber es werden noch ein paar Rechnungen kommen. Äh... könntest Du die vielleicht bezahlen und uns das Geld auslegen?" Dann gibt es noch eine feste Umarmung, viele mütterliche, besorgt-stolze Blicke, dann steigen wir ins Auto und fahren los. Meine Mutter und meine Schwester winken uns nach, bis wir nicht mehr zu sehen sind.
Die nächste Station ist die ADAC-Hauptfiliale in München. Dort müssen wir unsere Tickets für die Fähre von Italien nach Griechenland kaufen. Wir schaffen es genau fünf Minuten vor Geschäftsschluss, dort anzukommen! Danach geht es auf die Autobahn. Ich fahre, Michael sitzt auf dem Beifahrersitz und Gomolf liegt auf seiner Decke auf der Motorhaube zwischen uns. Bei unseren bisherigen Fahrten mit dem Bus hatte sich

dieser Platz schnell zu seinem Lieblingsplatz entwickelt. Unser kleiner Wachhund ist jetzt ein halbes Jahr alt. Wir sind sehr froh, dass er bei uns ist. Es macht die Sache zwar nicht einfacher, da man auch für Tiere an der Grenze Papiere benötigt, doch das nehmen wir in Kauf. Es ist einfach schön, ein solches Erlebnis mit einem vierbeinigen Freund teilen zu können.
Momentan hat er noch genug Platz auf seiner Motorhaube, doch im Laufe der Reise wird er noch ein gutes Stück wachsen. Er wird uns dann bis an die Hüfte reichen, eine Größe die ihm durchaus Respekt verschafft.

Als wir München verlassen sagt Michael zu mir: „Genieße es Spatzi, das sind noch die guten deutschen Autobahnen. Bald werden wir ganz andere Straßenverhältnisse haben und sehnen uns wahrscheinlich danach." Wie recht er damit hat, können wir uns damals nur vage vorstellen.
Unser VW-Bus hört mittlerweile auf den Namen Bruti. Das ist die Kurzform für „Bruder vom Rudi". Rudi war unser anderes Auto, das wiederum nach meinem Opa, Rudolf Krummhaar, benannt war. Und der VW-Bus ist logischerweise der große Bruder des Kombis. Während Rudi abgemeldet und trocken in der Garage steht, rollen wir mit Bruti einem großen Abenteuer entgegen – und unserem ersten Unfall.

An unserem ersten Tag wollen wir einfach so lange fahren, bis wir vor Müdigkeit nicht mehr können. Nach etwa dreihundert gefahrenen Kilometern, kurz vor der italienischen Grenze, ist es dann soweit. Wir sind in Österreich und wollen uns nur noch ein ruhiges Fleckchen suchen um dort zu schlafen, es ist etwa halb zwei Uhr nachts.
Michael sitzt am Steuer, er ist völlig übermüdet. Er biegt von der Straße auf einen Waldweg ab, scheinbar ein guter Schlafplatz. Doch gleich nach der ersten Kurve geht es steil

bergauf. Es ist schmal, dunkel und kurvig – sehr schlechte Bedingungen, um den Bruti zu manövrieren. Michael will das Auto eigentlich nur noch umdrehen, damit wir am nächsten Morgen gemütlich herausfahren können. Er setzt zurück und auf einmal geht gar nichts mehr, Bruti lässt sich weder vor- noch rückwärts bewegen. Festgefahren! Wir denken erst, die Reifen würden auf dem weichen Waldboden keinen Halt finden, doch bei genauem Hinsehen entdecken wir, dass Michael einen kleinen Holzstapel übersehen hat. Mit der hinteren rechten Ecke sitzt der Bus auf dem Holzstapel auf. Wir steigen also beide aus und beginnen, den Stapel abzutragen. Scheit für Scheit – und das um zwei Uhr nachts. Hinter dem kleinen Stapel ist ein größerer, ungefähr 1,50 m hoch und mehrere Meter breit. Dieser erschwert uns die Arbeit, da wir schlecht hinkommen. Schließlich ist es doch geschafft – denken wir. Michael setzt zurück, das Auto fährt. Ich soll nachsehen, ob wir am großen Stapel vorbeikommen. „Äääähm... ich denke das sollte hinhauen....? Mist, zu knapp!“ Schließlich stehen wir direkt neben dem großen Holzstapel, so eng dass die ganze rechte Seite des Autos an das Holz gedrückt ist. Nach vorne geht nichts, da stehen Bäume. Nach hinten kommen wir auch nicht vom Fleck, da uns das Holz blockiert. Ich sehe mich schon den kompletten Holzstapel abtragen, da reißt Michaels Geduldsfaden: „Ich fahr ihn jetzt einfach nach hinten, hole Schwung, dann nach vorne und dann krieg ich uns da schon raus! Wir werden ein paar Kratzer abkriegen aber Hauptsache wir sind frei!“ Gesagt – getan. Ich stehe draußen und beobachte die Szene. Tatsächlich: Nach einigen heftigen Rucklern bewegt sich das Auto aus der Falle. Schließlich greifen die Reifen... und wir sind raus! Gott sei Dank! Leider läuft es nicht so glimpflich ab wie gedacht. Die Schadensbilanz: Zwei kaputte Außenspiegel, die beide rechts montiert waren. Zwei Campingfenster an der Seite sind aus der Dichtung heraus gedrückt worden und ragten ins Innere des Autos. Das rechte

Blinkerglas ist zerbrochen und ein Teil der hinteren Stoßstange abgefallen. Aber das Schlimmste: Zwei sehr frustrierte Weltreisende. 'Und wir wollen nach Indien fahren...?' denken wir uns beide, doch keiner spricht es aus. Unser Zeitplan ist recht knapp, da wir alle Visa für die Hinreise bereits in den Pässen haben und rechtzeitig an die Grenzen kommen müssen. Vor allem müssen wir in zwei Tagen in Venedig bei der Fähre sein. Umdrehen? Kommt nicht in Frage. So schlimm ist es nicht!

Geknickt sammeln wir die Teile auf, die wir vielleicht wieder reparieren und montieren können. Als wir uns schließlich langsam drinnen beruhigen wollen, zeigt sich das nächste Problem: Unsere Standheizung funktioniert nicht! Das ist nun wirklich zum Davonlaufen! Es ist Anfang Januar, draußen sind es drei Grad über Null. Und in der Türkei rechnen wir mit Temperaturen um die 15 Grad minus. Unsere Campingbatterie für den Wohnbereich ist völlig flach. Normalerweise hätte sie sich während der Fahrt aufladen sollen, aber Fehlanzeige. Es hilft alles nichts. Wir sitzen in unserem „Wohnzimmer“, ich lasse das Rollo vor dem eingedrücktem Fenster herunter, so dass man es nicht mehr sieht. „Ich hab's repariert“ verkünde ich stolz. Damit kann ich Michael immerhin ein Lächeln entlocken. Schließlich kriechen wir todmüde in unsere Schlafkoje – es ist bald vier Uhr früh. Eng aneinandergekuschelt und mit vielen Decken müssen wir zum Glück doch nicht frieren.
Knapp vier Stunden später wird uns nochmal bestätigt, dass man in Österreich immer auf der Hut sein sollte.

Wir werden um acht Uhr früh von lautem, drängenden Klopfen geweckt. Ich nehme es nur am Rande wahr und versuche, es in meinen Traum einzubauen und weiter zu schlafen. Aber Michael wacht auf und weckt mich: „Es klopft!“ Mein erster Gedanke: „Das muss der Förster sein, der das Holz so fein säuberlich aufgeschichtet hat.“ Michael steht auf. Der Hund

macht keinen Mucks obwohl es immer weiter klopft. „Polizei ist da“, raunt Michael mir zu. – „Was wollen die denn?“ Immerhin haben wir wild gecampt und den Holzstoß kaputt gemacht.
Die Polizisten sind aber recht freundlich. Der Hund – der kleine Verräter – läuft schwanzwedelnd auf sie zu. „Beißt der?“ fragt ein Beamter Michael. – „Nein“, antwortet er und verkneift sich ein „leider“. Sie machen eine Kontrolle, wollen die Fahrzeugpapiere und unsere Pässe sehen. Sie wollen wissen, ob wir einen Unfall hatten. Und wo die deutschen Autos denn den TÜV stehen haben. Sie können es kaum glauben – Bruti hat einen frischen TÜV und sonst scheint auch alles in Ordnung zu sein. Sie dachten, jemand wollte das Auto im Wald entsorgen. Bruti kann die 24 Jahre, die er auf dem Buckel hat, optisch kaum verbergen.
Die Polizisten verlieren kein Wort über Wildcampen oder zerstörte Holzstapel. Beim nächsten Mal, so scherzen wir, sollen sie Kaffee und frische Semmeln mitbringen.

## Ein Sprung über die Adria

Michael hat den ersten Schaden von Österreich schon ausgebessert und rechts den zweiten Außenspiegel von links montiert. Jetzt haben wir eben an jeder Seite nur noch einen statt zwei. Auch die Heizung funktioniert momentan! Gut, dass ich meinen Mechaniker an Bord habe.

In Venedig campen wir auf dem Parkplatz einer Kirche. Früh morgens packe ich unsere Sachen für die 25-stündige Schifffahrt. Wir dürfen in dieser Zeit nicht ins Auto, also Essen und Trinken einpacken, Hundefutter und Decken. Eine Kabine haben wir uns natürlich nicht geleistet und das Essen auf dem Schiff wird teuer sein. Gomolf müsste eigentlich in einen speziellen Hundezwinger, dort ist es laut, eng und zugig. Kommt nicht in Frage. Die Fähre ist sowieso kaum belegt und wir schlagen unser Lager im Gang auf, dort ist es wenigstens nicht so kalt. Schon nach ein paar Stunden wünschen wir uns in unser weiches, gemütliches Bett vom Bruti. Unser Lager auf dem Boden ist hart, laut und es leuchtet ständig Licht.
Alle drei sind wir froh, als wir wieder im Bruti sitzen und in Igoumenitsa an Land gehen.

Griechenland ermöglicht uns unser erstes und zweites Frühstück unter freiem Himmel – und das Anfang Januar. Außerdem einen halben Tag am Meer. So macht Reisen Spaß! Gomolf liebt den Sandstrand und tobt ausgelassen herum. Wir versuchen vergeblich, ihm Apportieren beizubringen. Er jagt zwar den Stöckchen nach, die wir werfen, doch er denkt nicht im Traum daran, sie zu uns zurück zu bringen. Vielmehr steht er erwartungsvoll mit der Beute im Maul in einigen Metern Entfernung. Wenn wir uns auf ihn zu bewegen und versuchen, das Stöckchen zu nehmen, springt er in letzter Sekunde davon. Dieses Spiel ist ihm viel lieber als Apportieren, vor allem weil er immer gewinnt.

Die Griechen sind sehr nett und hilfsbereit. Das Highlight: Wir halten an einer Autowerkstatt und bitten die Handwerker, sich die Fenster anzusehen, die immer noch eingedrückt sind, seit wir mit dem Bus in Österreich den Holzstoß gerammt hatten. Prompt sind drei Handwerker zur Stelle, alle lassen ihre Arbeit einfach stehen um uns zu helfen. Mit wenig Mühe gelingt es ihnen, die Fenster wieder an ihre richtige Position zu bringen. Einzig einen Sicherungsring können sie nicht einsetzten, dafür braucht man Spezialwerkzeug. Auf unsere Frage, wie viel es kosten soll, winken sie ab und meinen scherzhaft „einen Kaffee". Wir bieten ihnen zwei Bier an – das wollen sie aber nicht annehmen. Wir bedanken uns vielmals, können es kaum glauben und machen uns in bester Stimmung wieder auf den Weg, immer geradeaus Richtung Türkei.

Es ist fahrtechnisch teilweise sehr anspruchsvoll. Die Straßen sind super, aber in den bergigen Abschnitten ist es ziemlich schwierig. Es gibt zwar eine Autobahn, doch die ist erst halbfertig. Immer wieder kommt ein wunderschönes Stück Highway. Wenn ich mich gerade daran gewöhnt habe, muss ich schon wieder herunterfahren und Bruti über eine kurvenreiche, bergige Landstraße quälen. Rauf – runter – rechts – links. Da bedeutet Fahren noch körperliche Arbeit – ohne Servolenkung oder Bremskraftverstärker. Der Ganghebel wird zum Trainingsgerät für meinen Arm. Ich habe alle Mühe, ein Gefühl

für das große, träge Auto zu kriegen. Welche Steigung erfordert welchen Gang? Läuft der Motor heiß? Komme ich mit dieser Geschwindigkeit um die Kurve?
Währenddessen sitzt Michael angespannt neben mir. Meine Fahrweise scheint ihm körperliche Schmerzen zu bereiten. Jedes Mal, wenn der Motor zu hoch dreht, zuckt er unwillkürlich zusammen. Ich werde das Gefühl nicht los, dass es ihn mehr Kraft kostet, auf dem Beifahrersitz gefangen zu sein, anstatt selbst am Steuer zu sitzen. „Jetzt erlöse ich Dich!“, verkünde ich schließlich und halte am Straßenrand. Ich sehe förmlich, wie die Anspannung aus seinem Körper weicht, als er wieder am Steuer sitzt.

„Dein Essen vertrage ich besser als Deinen Fahrstil!“, ruft er lächelnd nach hinten, während ich eine Paprika für unser Abendessen schneide. Wir sind auf einem langen, geraden Stück Autobahn, daher kann ich unter der Fahrt kochen. Ich stecke meinen Kopf nach vorne und drücke ihm einen Kuss auf die Wange. „Nicht frech werden, sonst fahre ich wieder“, necke ich ihn. Später löffeln wir auf der gemütlichen Sitzecke im Heck des Busses unser Gulasch – und alle Anspannungen sind vergessen.

## Chai-Tee, Schnee und Eis

Langsam näher wir uns der Türkei und damit der Grenze der Europäischen Union. Toll eigentlich, aber wir werden etwas unruhig. Laut den offiziellen Vorschriften bräuchten wir für Gomolf ein frisches Gesundheitszeugnis vom Tierarzt, um einreisen zu dürfen. Das Zeugnis darf nicht älter als sieben Tage sein. Von einem Tierarzt in Deutschland können wir keins mitnehmen, wir schaffen es niemals innerhalb von sieben Tagen zur griechisch-türkischen Grenze. Das dachten wir zumindest. Tatsächlich stehen wir genau eine Woche nach unserem Start reichlich nervös dort und hoffen, dass die Zollbeamten es nicht so genau nehmen würden. Beim ersten Grenzposten zeigen wir artig alles, was sie sehen wollen. Gomolf ist hinten und der Vorhang ist zu. Vielleicht schauen sie gar nicht ins Auto. Beim zweiten Posten hält er es nicht mehr aus und springt nach vorne – er muss wissen, mit wem Herrchen da spricht. Wir hassen unseren Hund für ein paar Sekunden aber der Grenzbeamte sagt nichts. Auf der türkischen Seite dasselbe Spiel – alles wollen sie sehen, bis auf die Papiere vom Hund. Ins Auto will niemand schauen. Am Ende fragen sie noch, ob wir etwas zu verzollen hätten – natürlich nicht. Geschafft! Wir sind in der Türkei! Wir sind einfach nur froh und ahnen noch nicht, dass wir in ein paar Monaten auf dem Rückweg an genau dieser Grenze noch viel Schlimmeres werden durchstehen müssen.

Am nächsten Tag rollen zwei Menschen, ein Hund und ein

VW-Bus das erste Mal in ihrem Leben von Europa nach Asien: Wir fahren in Istanbul über den Bosporus. Zusammen mit unzähligen anderen Autos auf einer mehrspurigen Autobahn. Trotz dieses uns wohl bekannten Verkehrsszenarios fühlen wir uns schon wie echte Weltreisende.

Mit den Kilometern Richtung Osten wird es bergiger, kälter und die Straßen sind nicht mehr so gut. Zunächst haben wir uns immer noch hübsche, abgelegene Schlafplätze auf Feldwegen gesucht – später schlafen wir nur noch an Tankstellen. Wir sind definitiv zur falschen Jahreszeit hier, deswegen heißt die Devise: Fahren, bis wir umfallen. Dann noch ein bisschen. Eigentlich schade, aber wir trösten uns damit, dass wir den Rückweg im Sommer machen werden.

Eines Abends bei einem kurzen Stopp kommt ein Mann auf uns zu und leuchtet uns ins Gesicht. Er wohnt wohl in der Nähe und bietet uns einen Chai an, Schwarztee. Wir lehnen dankend ab – wir brauchen eher einen Schlafplatz. Der Mann sieht Gomolf, deutet auf den Wald und mimt ein großes Tier. Er sagt irgendwas mit „dolmusch" und machte dazu Tierlaute: „Grooh grooh". Wir fahren amüsiert davon und reimen uns zusammen, dass der Dolmusch auf jeden Fall groß, gefährlich und pelzig sein muss. Erst auf unserem Rückweg haben wir erfahren, dass „dolmusch" das türkische Wort für einen kleinen Bus ist. Was der Mann uns sagen wollte, wissen wir aber immer noch nicht.

Zum Glück schneit es nicht, während wir in der Türkei sind. Doch die Straßen sind teilweise mit Schnee und Eis bedeckt. Unser schlimmstes Erlebnis mit der Kälte haben wir an einem Morgen in Erzurum. In der Nacht zuvor lagen die Temperaturen bei minus 20° C Grad. Wenigstens läuft die Heizung mittlerweile zuverlässig – nachdem Michael auch die letzten Elektrofehler gefunden hat. Kurz nach dem

Morgenkaffee lässt Michael versuchsweise den Motor an und es passiert – nichts. Unser Stimmungsthermometer passt sich den Außentemperaturen an. Der Diesel ist eingefroren. Gestern hatten wir noch überlegt, etwas Benzin in den Tank zu schütten, uns aber dagegen entschieden. Michael versucht es weiter, irgendwann springt der Motor sehr widerwillig an. Wir denken schon, wir hätten es geschafft, aber es kommt zu wenig Diesel an. Höhere Drehzahlen gibt es nicht. Die türkischen LKW-Fahrer haben dasselbe Problem: Sie stehen alle mit laufendem Motor da, unterm Tank brennt ein offenes Feuer. Dementsprechend verqualmt ist es an der Tankstelle. Da uns diese Methode etwas zu rabiat erscheint, kippt Michael drei Liter Benzin in unseren Tank und probiert es immer weiter. Er erklärt mir: „Ich muss nur ein paar Mal hin- und zurückfahren, dann schnell bremsen. Dann vermischen sich Benzin und Diesel." Ich sitze mit meiner Kaffeetasse auf der Motorhaube und nicke stumm. Gesagt – getan. Angefahren, stark gebremst, -zack- fliegen halbvolle Gläser und Flaschen von gestern Abend auf den Boden und ergießen ihren Inhalt auf den Teppich. Der Hund schlabbert meinen Kaffee auf. Was für ein blöder Morgen. Doch endlich, nach einigen Versuchen läuft der Motor wieder richtig und heult frech auf. Wir haben es geschafft! Von da an geht es mit Diesel-Benzin-Gemisch weiter.

Die Türken, denen wir begegnen, sind sehr offen und freundlich. Der Chai bei den Tankstopps ist fast obligatorisch. Je einsamer die Gegend, desto öfter werden wir in Gespräche verwickelt. Manche können ein wenig englisch, doch hauptsächlich kommunizieren wir mit Händen und Füßen. Als wir einmal beim Essen sitzen, kommen zwei junge Männer, die wir wohl neugierig gemacht haben. Sie setzen sich zu uns. Es ist eine merkwürdige Runde, die beiden verstehen uns nicht, wollen aber unbedingt mehr über uns erfahren. Irgendwann zückt einer sein Handy und ruft einen türkischen Freund an, der gerade in Frankfurt lebt und perfekt deutsch spricht. Er drückt Michael das Telefon in die Hand. Schließlich übersetzt der Türke in Frankfurt den jungen Männern. So wissen sie dann endlich, wer wir sind und was wir hier eigentlich machen.

Auch Gomolf macht seine Erfahrungen mit der fremden Kultur. Seine Artgenossen bewachen hierzulande die Häuser und Tankstellen. Sie leben eher als Nutztiere, statt als Teil der Familie wie bei uns. Jedes Mal, wenn wir in die Nähe von menschlicher Behausung kommen, gibt es lautes Gebell von unzähligen anderen Hunden. Alle Leute werden auf uns aufmerksam. Sie sind zwar freundlich und winken uns zu, aber sie sind auch neugierig und ihr Starren macht uns nervös. Zum Glück macht Gomolf keine Probleme. Früher ist er in typischer Junghund-Manier sofort auf alle anderen Hunde zugestürmt. Doch diese Unart hat sich mittlerweile verflüchtigt, seit er ein paar Mal aggressiv verbellt wurde.
Besonders wenn es dunkel wird, ist mit den Tieren nicht zu spaßen. Eines Abends will ich mir draußen noch ein dunkles Eck zum Austreten suchen – wir sind an einer Tankstelle. Ich laufe ins Dunkle hinein, als plötzlich vier oder fünf Hunde laut bellen. Ich gehe noch einen zaghaften Schritt, da knurren sie schon und kommen bedrohlich nahe. Ich versuche, sie zu verjagen, mache hektische Bewegungen mit meinen Armen, aber sie lassen sich nicht beeindrucken. Es wird erst besser, als ich langsam zurückgehe. So bleibt mir nichts anderes übrig als in meiner ausgebeulten Jogginghose in die Tankstelle zu gehen, um nach einer Toilette zu fragen. Ich muss durch einen großen Raum gehen, in dem etwa zehn Männer sitzen, im Fernsehen läuft Fußball. Sie starren mich mit unbewegten Gesichtern an – ich fühle mich wie der letzte Depp. Als ich wieder im Bruti bin, wird die Stimmung auch nicht besser. Die Anspannung setzt uns ziemlich zu. Diese ewige Kälte. Die Angst vor Eis und Schnee auf der Straße. Wir können kaum ausschlafen, weil wir

morgens früh vom Lärm der Tankstellen geweckt werden. Fast kriegen wir uns in die Haare und spüren zum ersten Mal die Enge unseres rollenden Zuhauses als Beklemmung. „Geh' doch ein bisschen spazieren", schlägt Michael ironisch vor. Draußen hat es immer noch weit unter zwanzig Grad Minus. Und wohin soll man auch gehen? Abseits der Straße liegt meterhoch Schnee. Keine erbauliche Vorstellung. Also zusammenraufen. Es dauert eine Weile, aber irgendwann vertragen wir uns wieder.

Nach vielen Tankstopps, noch viel mehr Kilometern, einigen Litern Chai und den ersten Kälteerfahrungen sind wir schließlich an der türkisch-iranischen Grenze angelangt. Irgendwo dort steht der Berg Ararat, der normalerweise die einzige schneebedeckte Spitze hat. Doch momentan sind sie alle schneebedeckt und wir können nicht genau erkennen, welches der richtige Berg ist. Wir fragen verschiedene Leute, zeigen auf verschiedene Berge und sagen „Ararat?" Die Antwort ist jedes Mal ein zustimmendes Nicken.

## In der Fremde

Ich bin sehr neugierig auf den Iran. Das erste Land auf unserer Fahrt, dass uns wirklich fremd ist. Wir kennen niemanden, der hierher gereist ist. Es ist eines der strengsten muslimischen Länder der Welt und meines Wissens das Einzige, in dem es auch für ausländische Frauen Kopftuchpflicht gibt. Wie werden sie mich hier wohl behandeln? Wir werden uns als Ehepaar ausgeben, ansonsten wäre es in den Augen der Moslems nicht legitim für uns, als Mann und Frau zusammen zu reisen. Das dürfen nur Geschwister, Cousins oder verheiratete Paare. Da es der Wahrheit am nächsten kommt, entscheiden wir uns für letzteres. „Als verheiratete Frau dürfen sie Dich nicht anfassen, gib ihnen also nicht die Hand, jedenfalls den Männern nicht", schärft Michael mir ein. Kurz vor der Grenze binde ich mir ein Tuch meiner Oma um den Kopf. Es ist ein bisschen klein und reicht gerade für einen einfachen Knoten um den Hals. Keine Muslima trägt ihr Tuch auf diese Weise. Sie verhüllen mit den farbigen Stoffen kunstvoll ihr Haar und den Hals, ohne dass ein Knoten oder Nähte zu sehen sind – ich weiß bis heute nicht, wie das gemacht wird.

Mit Michaels schwarzem Sweatshirt, weiten blauen Hosen und dem kleinen, beigen Tuch fühle ich mich wie schlecht verkleidet. „Das sieht ganz schön doof aus", stelle ich mit unzufriedenem Blick in den Spiegel fest. – „Wir besorgen dir ein größeres Tuch... und ein etwas dunkleres vielleicht", meint

Michael, als er mich mit den Augen eines ehemaligen Modeverkäufers skeptisch betrachtet. „Aber für den Anfang geht es schon", fügt er hinzu.

Neugierig und nervös fahren wir am 19.01.2007 zum Grenzort Gürbulak-Doğubayazıt. Die Formalitäten an der türkisch-iranischen Grenze dauern eine Weile. Auf der türkischen Seite spricht uns ein Mann im Auto an, er will unsere Papiere haben. Er ist in zivil, kann sich aber auf Michaels Nachfrage ausweisen. Er verschwindet mit den Pässen, nach fünf Minuten sind wir nervös genug, dass Michael nach ihm sucht. Ich habe Zeit um mir auszumalen, was passiert, wenn unsere Papiere weg sind. Dann gibt es Entwarnung. Michael kommt zurück und steigt ein: „Alles in Ordnung. Wir können weiter." Auf der iranischen Seite werden wir von einem Mann begleitet, der recht gut englisch spricht. Er ist sehr freundlich. Auf Michaels Nachfrage bestätigt er uns, dass mein Outfit völlig in Ordnung ist. Wir bekommen die Stempel in unsere Papiere, dann noch ein paar Ratschläge und schon fahren wir unsere ersten Meter auf iranischem Boden: Der Ort Bazargan.

Schon hier machen wir Bekanntschaft mit den landesüblichen Methoden der Geschwindigkeitskontrolle: Speed-Bumps. Das sind spitze Huckel, die quer über die Straße laufen. Das Gemeine daran: Sie kommen völlig unerwartet und werden willkürlich an irgendwelche Stellen gesetzt: Mitten in der Stadt, vor einer Stadt, manchmal auch auf der Autobahn. Vor manchen Speed-Bumps gibt es Warnschilder, nicht vor allen. Wenn man mit 10 km/h darüber fährt, macht das Auto schon einen kräftigen Hüpfer. Ist man schneller als 30 km/h dran, tut es langsam weh. Hoffentlich übersehen wir keinen.

Ich sitze am Steuer als es langsam dunkel wird. Die Beleuchtung der anderen Autos verwirrt uns ein bisschen. Wenn sie bremsen, leuchtet das Licht für den Rückwärtsgang, ein Blinker oder gar keins. Vorne haben sie nur manchmal

Licht, mindestens aber kleine bunte blinkende Lichter. „Wie eine rollende Disco", sagt Michael kopfschüttelnd, als ein besonders auffälliges Exemplar an uns vorbeizieht. Als ich mich kaum mehr konzentrieren kann, tauschen wir und Michael fährt noch ein gutes Stück bis zur Stadt Tabriz Wir möchten primär irgendwo schlafen und zweitens müssen wir dringend tanken. Beides ist schwierig. Tabriz ist sehr groß, wo sollen wir dort einen ruhigen Platz finden? Kaum sind wir dort, fühlen wir uns ziemlich verloren. Der Verkehr ist dicht und setzt uns unter Entscheidungsdruck – aber wo sollen wir hinfahren? Wie lange wird der Diesel noch reichen? Verzweifelt fragt Michael einen LKW-Fahrer, der mit seinem Truck gerade auf der Straße steht. Nach kurzem Hin und Her zeigt er uns den Weg zu einer Tankstelle. Dort können wir unseren Bruti für etwa vier Euro komplett volltanken. Das sind Preise! Dementsprechend gehen die Iraner aber auch mit dem Diesel um: Die Zapfpistolen hier haben keine Stopper, so dass sie nicht aufhören, wenn der Tank voll ist. Man merkt es also nur daran, dass der Tank überläuft. Es ist aber so viel Druck drauf, dass da gleich ein ganzer Schwall auf dem Boden landet. Der Boden auf den Tankstellen ist ganz glitschig vom Diesel.
Müde, vollgetankt aber hungrig finden wir schließlich auch einen Schlafplatz in einer Seitenstraße. Ich koche noch ein paar schnelle Nudeln und wir klettern erschöpft in unser kuscheliges Bett.

Am nächsten Morgen findet Michael die Zeit, um sich unserem Abfluss zu widmen: Seit den letzten Tagen in der Türkei war es so kalt, dass unser Abwassertank und die Leitungen eingefroren sind. Das Wasser läuft nicht mehr ab. Michael fackelt nicht lange und öffnet einfach die Verbindung zum Abwassertank, so dass das Wasser nach unten herauslaufen kann. Wir widmen der ADAC-Broschüre zum Thema „Entsorgung des Abwassers auf Campingplätzen" einen kurzen Gedanken und freuen uns über den funktionierenden Abfluss. Schon während Michael an den Anschlüssen herumschraubt, gesellt sich ein neugieriger Iraner dazu, und sieht ihm gebannt über die Schulter. Er wartet auf die Gelegenheit, um seine Hilfe anzubieten. Als Michael versucht, die Dichtung wieder in unser Fenster zu drücken, die seit dem Unfall in Österreich nicht wieder montiert werden konnte, schreitet der Mann schließlich tatkräftig ein. Er spricht zwar kein Wort englisch, versteht aber das Problem und kann helfen. Die Dichtung, die die griechischen Mechaniker mangels eines „Spezialwerkzeugs" nicht einsetzen konnten, hat Michael nun mit einem Iraner und einem Schraubenzieher an ihren Platz gedrückt. Ob es das war, was die Griechen gemeint hatten?

Wir wollen noch ein paar weitere Besorgungen machen: Wasser auffüllen, Lebensmittel und ein paar Kleinigkeiten einkaufen. Ersteres dürfte hierzulande schon schwieriger sein als in der Türkei. Dort gab es an jeder Tankstelle auch einen Wasserhahn, meistens sogar mit Schlauch. An der Tankstelle von gestern haben wir aber keinen gesehen.
Nahe bei unserem Schlafplatz sehen wir einen Mann mit einem Gartenschlauch, der gerade sein Motorrad wäscht. Wir versuchen zu erklären, dass er Wasser in unseren Bus füllen soll. Als wir ihm die Einfüllöffnung zeigen ist er völlig verwirrt: Es sieht aus wie ein Tankdeckel. Kann dieses Auto etwa mit Wasser fahren? Die Männer holen einen jungen Mann, der englisch kann. Der übersetzt und bald ist das Rätsel gelöst und der Wassertank voll. Wir erzählen unsere Geschichte. „Wir kommen aus Deutschland und fahren nach Indien. Ja, mit diesem Auto. Gestern waren wir noch in der Türkei." Der junge Mann stellt sich vor: Er heißt Mehdi und erzählt uns, dass er schon morgens verwundert vor unserem Bus stand. „Ich habe euer Nummernschild angeschaut – sowas gibt es hier nicht, denn iranische Autos haben alle persische Schrift auf dem

Kennzeichen. 'Wo kommen Deine Fahrer her?', habe ich mich gefragt."

Jetzt, da er uns kennen lernt ist er total begeistert. Reisende aus Deutschland – direkt vor seiner Haustür gelandet. Das hat es noch nie gegeben! Er überschüttet uns mit aller Gastfreundschaft, die uns in seinen Augen gebührt: „Ich kann euer Führer in Tabriz sein. Was wollt ihr hier machen?" – „Einkaufen." – „Kein Problem, ich zeige Euch den Bazar, die berühmte blaue Moschee... alles was ihr wollt." Von so viel Freundlichkeit etwas überrumpelt halten wir kurz Kriegsrat. Er will doch sicher Geld dafür. Wir fragen ihn. Mehdi versichert uns: „Ihr seid meine Gäste, ich will kein Geld von Euch." Wir befinden ihn für vertrauenswürdig und stimmen zu.
Gleich darauf geht es los. Wir fahren zum Metzger, zum Bäcker und zum Gemüsehändler. Als der Metzger hört, wo wir herkommen, ruft er gleich seine Frau an – sie kann englisch. Er drückt mir kommentarlos den Hörer in die Hand. Die Frau am anderen Ende ist etwa genauso verwirrt wie ich. Ihr Mann hat wahrscheinlich nur gesagt: 'Hey, da sind Europäer, red' mal mit der Frau!' Also erzähle ich ihr, wer wir sind, wo wir herkommen und hinfahren. Sie lädt uns pauschal in ihr Haus ein, ich lehne pauschal ab. Das macht man hier wohl so. Am Bazar finden wir gute und günstige Pistazien mit süß-salzigem Aroma, manche haben auch eine fein-säuerliche Note. Wir dürfen probieren und sind infiziert: Köstlich. Mehdi liefert ein weiteres Argument für den Verzehr der Leckereien: „Pistazien sind gut, sie machen schlank!" Das können wir zwar nicht ganz glauben, doch wir legen uns trotzdem einen Vorrat davon zu.

„Und jetzt gehen wir essen", verkündet unser selbsternannter Fremdenführer. Wir sind hungrig, also leisten wir gerne Folge. Er bringt uns zu einem kleinen Restaurant und bestellt eine Art Gyros für uns: Würziges Rindfleisch mit großem, dünnen

Fladenbrot. Mehdi erzählt den anderen Anwesenden sichtlich stolz von seinen besonderen Gästen und wir werden neugierig betrachtet.

Dieser Tag ist interessant, aber sehr anstrengend. Der Verkehr ist fürchterlich. Sehr, sehr viele Autos, die einfach da hin fahren, wo sie hin möchten. Sie lassen sich nicht von Fahrbahnmarkierungen leiten – wozu auch? Wehmütig erinnere ich mich an meine Fahrstunden: Mir wurde defensives Fahren beigebracht. Nicht auf seine Vorfahrt bestehen. Vorausschauend fahren. Und immer schön blinken. Im Iran können wir all das getrost über Bord werfen, denn hier herrschen andere Gesetze: Nütze jede Gelegenheit. Wenn Du nicht fährst, fährt ein anderer in die Lücke. Die Breite der Straße legt fest, wie viele Autos nebeneinander fahren können. Wer bremst, verliert. Wer ausweicht, auch. Michael ist schon ziemlich genervt vom Verkehr und Mehdi als Beifahrer. „Das war ein Fehler“, kommentiert dieser hilfsbereit einige Fahrmanöver von Michael. Der sagt zu mir auf deutsch: „Hey Mann, die Autofahrer halten sich hier an gar nichts und ich muss mir von ihm erzählen lassen, dass ich irgendwas falsch mache?! Hier machen alle ständig Fehler! Es herrscht das totale Chaos!“ Die andere Sache, die uns etwas im Magen liegt, ist, dass unser Gastgeber alles bezahlt, was wir kaufen. Egal ob unser Fleisch, Brot oder Gemüse – selbst mein neues Kopftuch hat er bezahlt. Es ist uns unangenehm, doch all unsere Versuche, selbst zu bezahlen, wehrt er ab.

Bestückt mit neuen Vorräten und etwas erschlagen vom Verkehr und den neuen Eindrücken fahren wir zurück zu Mehdis Haus. Er bittet uns hinein. Wir stimmen zu – unter der Bedingung, dass er uns 20 Minuten Zeit lässt, damit wir uns im Wohnmobil etwas ausruhen können. Er scheint zu verstehen. „Kein Problem.“ Erleichtert gehen wir ins Auto. Keine zwei

Minuten später klopft es. Mehdi. „Warum kommt ihr nicht? Ich habe Euch in mein Haus eingeladen." Ich gehe raus und rede mit ihm. „Wir sind müde. Der Tag war anstrengend. Auch gestern sind wir sehr lange Auto gefahren. Wir wollen uns kurz ausruhen, kurz alleine sein und dann kommen wir." – „Ihr könnt Euch in meinem Haus ausruhen", ist die Antwort. – „Danke, aber wir wollen alleine sein – nur 20 Minuten." – „Kein Problem", sagt er wieder.
Wir beschließen, die Zeit zu nutzen um mit dem Hund schnell eine Runde zu drehen. Michael wartet, ich gehe mit Gomolf raus. Unser Freund steht immer noch vor dem Auto und wartet geduldig. „Ich gehe schnell mit dem Hund raus", erkläre ich ihm. Auf seinem Gesicht zeigt sich völliges Unverständnis. Ich soll nicht weggehen, sondern beim Auto bleiben, legt er mir nahe. Ich lasse mich nicht beirren. „Ich gehe jetzt da lang. Wir brauchen auch noch Getränke und da vorne ist ein kleiner Shop", sage ich. – „Nein nein", erwidert er, „nichts kaufen, ihr bekommt doch bei mir etwas zu trinken." – „Wir wollen auch was im Auto haben", gebe ich zurück. – „Aber es ist meine Pflicht, Euch zu versorgen. Schließlich seid ihr meine Gäste." Ich verspreche ihm schließlich, nichts zu kaufen und bestehe auf einem kurzen Spaziergang mit dem Hund. Als wir außer Sichtweite sind, husche ich schnell in einen kleinen Shop. Ich kaufe eine große Flasche Cola und eine mit Wasser und gehe langsam zum Auto zurück. Als ich mich nähere, verberge ich die Getränke unter der Jacke, damit unser Gastgeber sie nicht sieht. Wie absurd. Ich verschwinde schnell im Auto, Tür zu – und stolz präsentiere ich mein Schmuggelgut. Michael ist schon ein wenig angefressen. „Drei Mal hat Mehdi ans Auto geklopft und gefragt, wo wir bleiben."

Wir wollen ihn nicht länger auf die Folter spannen und folgen schließlich der Einladung. Dann erfahren wir auch, warum es so wichtig war, dass wir herein kommen: „Meine Nachbarn wissen natürlich schon, dass ihr meine Gäste seid. Deswegen wollte ich, dass ihr sofort in mein Haus kommt. Sonst fragen sie mich 'Wo sind sie denn jetzt – deine Gäste aus Deutschland?' Meine Nachbarn können doch sehen, dass ihr noch im Auto seid, weil dort Licht brennt. Sie würden sagen, dass ich ein schlechter Gastgeber bin."

Uns dämmert langsam, dass Gastfreundschaft hier weit mehr bedeutet, als freundlich zu Besuchern zu sein. Und gleich an unserem zweiten Tag im Iran dürfen wir sie kennenlernen – mit allen ihren Aspekten. Mehdi fragt uns, ob wir sein Badezimmer benutzen wollen. Ein Angebot, dass wir nach 10 Tagen ohne Dusche nicht abschlagen können. Wir haben zwar eine in den Bruti gebaut, doch es gibt nur kaltes Wasser – und wir sind beide nicht der Typ für eiskalte Duschen im türkischen Winter. Als ich im Bad bin, freue ich mich erst einmal in Ruhe über seine Toilette. Das Zimmer, in dem alle sitzen, ist direkt daneben und nach kurzer Zeit kommt die Frage: „Was ist los da drin mit Dir, kommst Du nicht zurecht? Man hört kein Wasser laufen." – „Was werde ich wohl machen?" grummle ich auf deutsch zu Michael. Der lacht und erklärt: „Es geht ihr sehr gut."

Unser Gastgeber lässt uns mit seinem 19 K Modem ins Internet gehen. Nach zwei Stunden habe ich drei Emails gelesen, eine geschrieben und versendet. Aber immerhin sind wir wieder auf dem neuesten Stand und unsere Angehörigen wissen, dass wir noch nicht verschollen sind. Nach und nach lernen wir die komplette Familie kennen. Der Onkel arbeitet im Finanzamt. Wir sind verwundert, als er uns sogar Whisky und Bier anbietet. Alkohol ist im Iran illegal, doch für die Gäste ist auch das möglich. Sie geben sich offen, erlauben mir, mein Kopftuch abzunehmen. Doch die Frauen der Familie bleiben konsequent verhüllt. Schließlich kommen noch Cousinen, Schwestern, Tanten, die Mama und der Papa dazu. Jeder versucht, sich mit uns zu unterhalten, aber nur Mehdi und seine Nichte Sephide können einigermaßen englisch. Irgendwann gehen er und Michael zum Hubble-Bubble rauchen in eine Shisha-Bar. Frauen haben dort keinen Zutritt, also bleibe ich bei der Familie. Sobald die Männer den Raum verlassen haben, nehmen alle ihr Kopftuch ab und lockern ihre Kleidung. Die ganze Verschleierung war nur für Michael!

Sephide stellt mir Fragen über Kosmetik, Liebesheirat und Kindererziehung. „Küsst ihr in Europa auch eure Kinder?“, will sie wissen. – „Natürlich, genau so wie ihr“, lächle ich. Sie erklärt mir, dass sie ihr Kopftuch gerne trägt, denn sie liebt Gott. – „Ich trage es nicht gern. Zu Hause muss ich es auch nicht tragen“, erwidere ich ehrlich.
Ein anderes Gesprächsthema wird von den Gastgebern immer wieder aufgeworfen: „Was denkt ihr über den Iran und die Leute hier? Sind wir Terroristen?“ – „Nein“, muss ich immer wieder versichern, „die Iraner sind sehr nett und das Land ist wunderschön. Ich habe noch keine Terroristen gesehen.“ Ich muss versprechen, dass ich das all meinen Freunden zu Hause erzähle.
Als Michael nach zwei Stunden wiederkommt, versuchen wir unseren Gastgebern langsam klar zu machen, dass wir im Auto schlafen wollen. „Das ist unser Zuhause. Da haben wir unser Bett, alle unsere Sachen und den Hund.“ Die Familie will, dass wir in ihrem Haus übernachten. Wir lassen uns auf die Diskussion nicht ein, und so dürfen wir bald gehen. „Wenn ich mal nach Deutschland komme und Euch besuche, schlafe ich auch in meinem Auto“, droht uns Mehdi scherzhaft an. – “Kein Problem“, antworten wir lächelnd und kriechen bald in unser gemütliches Bett.

Am nächsten Morgen werden wir ein paar Mal von verschiedenen Familienmitgliedern zum Frühstück eingeladen. Wir sind noch recht geschafft von gestern und lehnen standhaft

ab. Dann kommt Mehdi. Er kennt den Bruti bereits von innen, gestern ist er bei uns mitgefahren. Heute bittet er die ganze Familie in unser Auto. Wir zeigen stolz unser fahrendes Zuhause. Unsere Gäste sind etwas verunsichert und sehen sich um. Die Tante sagt etwas, für mich klingt es wie: 'Komisch hier, und es stinkt nach Hund'. Mehdi übersetzt: „Sie findet es sehr komfortabel hier."
Hauptsache, wir fühlen uns wohl – denken wir bei uns. Danach werden wir zum Essen eingeladen. Die Schwägerin bringt uns gelben Reisbrei als Vorspeise, der ist so süss, dass Michael nach dem ersten Bissen sagt: „Das kann ich nicht essen". Er gibt seinen vollen Teller zurück. Also liegt es an mir, die Gastgeber nicht zu enttäuschen. Ich probiere und schmecke ZUCKER! So viel! Tapfer esse ich ein Drittel von meiner Portion, dann kriege ich nichts mehr davon runter. Es ist einfach zu süss. Auch Mehdi isst nur wenig und zum Glück wird akzeptiert, dass wir nichts mehr wollen. Danach gibt es noch Fleisch, Reis und Gemüse, was sehr gut schmeckt.
Nach dem Essen wollen wir eine Runde mit dem Hund gehen. Das erfordert wieder mühevolle Aufklärungsarbeit. Gehen? Mit dem Hund? Warum wollen wir das tun? Wir beharren darauf. „Der Hund braucht Bewegung", erklären wir. – „Warum?" will er wissen. – „Der Hund ist ein Lebewesen, er hat Energie und muss laufen. Sonst macht er das Auto kaputt." Unser Freund hat immer noch das große Fragezeichen im Gesicht. Hunde gelten bei den Muslimen als unreine Tiere, der Gedanke, sich einen anzuschaffen und dann auch noch mit ihm rauszugehen ist den meisten von ihnen völlig fremd. „Soll ich mitkommen?", fragt er. – „Wie Du willst", entgegnen wir. Doch das Vorhaben ist ihm wohl nicht ganz geheuer, er bleibt da und gibt uns Tipps, wo wir langlaufen sollen: „Wenn ihr da vorn an der Hauptstraße entlang geht, kommt ihr zum Bahnhof. Immer geradeaus." Wir nicken und behalten für uns, dass wir nicht an der vierspurigen Straße entlanggehen wollen. Wir finden so

etwas wie einen Stadtpark. Es liegt noch ein wenig Schnee in Tabriz und es ist recht kühl. Von den Frauen sieht man nichts außer wehenden Gewändern. Gomolf hat schon herausgefunden, dass sie immer panisch zur Seite springen, wenn er auf sie zuläuft. Wir erlauben ihm das nicht und er begnügt sich für diesen Nachmittag damit, Stöckchen zu jagen. Als wir nach 45 Minuten zurückkommen, kommt uns ein weißer PKW entgegen: Mehdi. Erleichtert begrüßt er uns: Er wollte gerade losfahren um uns zu suchen. Wir können nur ungläubig den Kopf schütteln – eine Stunde war ausgemacht.

Danach fahren wir zusammen zur blauen Moschee. Sie ist schon einige Male durch Erdbeben zerstört worden und wird gerade wieder aufgebaut. Die Wände innen sind größtenteils kahl, nur stellenweise sind die wunderschönen, filigranen, blauen Verzierungen erhalten, die erahnen lassen, wie prächtig es hier sein könnte, wenn alles intakt wäre. In der Moschee dann die Überraschung: Ein dreiköpfiges Fernsehteam spricht uns an. Sie wollen ein kurzes Interview mit uns machen – unser Gastgeber soll übersetzen. „Na klar“, antworten wir unsicher. Der Kameramann richtet die Kamera auf uns und es geht los. Wir werden gefragt, wo wir herkommen und wie es uns hier gefällt. Die ersten Versuche scheitern – unser Dolmetscher ist sehr nervös und vergisst, unsere Antworten auf Farsi zu übersetzen. Am Ende klappt es dann doch bis auf ein Malheur: Mehdi gibt mir vor der Kamera die Hand. Das wird natürlich herausgeschnitten. Irgendwann werden wir also in 'Tabriz TV' zu sehen sein – wer hätte das gedacht?
Der Zeitpunkt des Abschiedes von unseren neuen Freunden rückt näher. Wir geben all das Geld zurück, das Mehdi für uns ausgelegt hat. Erst will er abwehren, doch er ist auch nicht reich, und so nimmt er es dankend an. Er erklärt uns noch den Weg aus der Stadt und blickt uns winkend nach, bis wir nicht mehr zu sehen sind.

„So, jetzt sind wir wieder auf uns gestellt“, sagt Michael, als wir Tabriz langsam hinter uns lassen. – „Ja, das ist schön“, antworte ich nach einer kleinen Pause. „Ich habe mir nur gerade überlegt, wie sich ein Iraner fühlen mag wenn er nach Deutschland kommt. Die Leute müssen ihm sehr unfreundlich vorkommen.“

Kurz nach der Stadt beginnt eine schöne, neue Autobahn, auf der außer uns keine Menschenseele zu fahren scheint. Leider gibt es auch so gut wie keine Ausfahrten – und somit keinen Schlafplatz für uns, als wir langsam müde werden. Die Landschaft zieht eintönig vorbei und Michael hat alle Mühe, am Steuer die Augen offen zu halten. Er beißt sich in die Faust und schlägt sich auf die Beine, um wach zu bleiben. Eine weitere Stunde vergeht, in der ich mühsam nach Gesprächsthemen suche, um ihn zu unterhalten. Dann erscheint endlich eine Tankstelle in der Ferne: Endlich! Dort können wir übernachten. Michael gibt noch einmal Gas, als plötzlich der ganze Bus einen doppelten Satz in die Luft macht. Ich werde aus dem Beifahrersitz heraus geschleudert und schlage mit dem Kopf schmerzhaft an die Decke – trotz Gurt. Unser Tisch im Wohnbereich macht ebenfalls einen Hüpfer und befördert alles auf den Boden, was darauf lag. Wir sind mit voller Geschwindigkeit über einen 'Speed-Breaker' gefahren – der erste seit Stunden. Eine schmerzhafte Sache. Michael konnte sich am Lenkrad festhalten, doch er macht sich Sorgen um Bruti. „Hoffentlich ist nichts kaputt gegangen“, seufzt er, als wir endlich auf dem Parkplatz stehen.

Am nächsten Tag ist der Vorfall vergessen und wir fahren gutgelaunt durch die karge Landschaft. Erst als die Sonne langsam untergeht, und Michael die Scheinwerfer einschaltet, werden wir wieder daran erinnert.

„Das Batterielämpchen hat gerade aufgeleuchtet!“, bemerkt er erschrocken. – „Was heißt das?“ – „Es heißt, dass es zu wenig Strom gibt. Vielleicht hat sich ein Kabel gelockert, als wir gestern über den Speed-Breaker gepoltert sind?“

Als wir einen Schlafplatz gefunden haben, geht die Heizung nicht. Kein Strom auf der hinteren Batterie. Michael, der hauptverantwortliche Mechaniker in unserem Team, ist höchst beunruhigt.
„Entweder die Lichtmaschine produziert keinen Strom mehr, oder es gibt einen Wackelkontakt. Der erst Fall wäre sehr schlecht... und der zweite auch, weil so etwas ganz schwierig zu finden ist!“ Ich versuche, ihn zu beruhigen: „Wir suchen uns morgen einfach eine Werkstatt, die können uns bestimmt helfen.“ – „Das glaube ich ja auch. Aber wir können maximal noch 100 Kilometer fahren, bis uns der Saft ausgeht. Wenn wir bis dahin niemanden finden, haben wir ein Riesenproblem. Ich will nicht liegenbleiben mit dem Bruti.“ – „Ich ja auch nicht“, stimme ich ihm zu. „Aber wenn es so weitergeht wie bisher, dann kommt vorher schon ein Ort. Und Werkstätten gibt's überall.“
Wir kuscheln uns in Decken und versuchen, es uns gemütlich zu machen und das böse, blinkende Batterielicht zu vergessen. Am nächsten Morgen schaut Michael, ob er den Fehler selbst findet. Ich gehe in der Zeit eine kleine Runde mit Gomolf durch die Wüste. Die Landschaft ist sehr beeindruckend, ich stehe auf einer riesigen, steinigen Ebene und ringsherum sind hohe Berge. Sie sind noch weit weg, doch bald werden wir dort sein – wenn nur hoffentlich alles gut geht. Vielleicht hat Michael ja den Fehler gefunden?

„Nichts zu machen“, verkündet er, als ich wiederkomme. „Die Lichtmaschine liefert zu wenig Strom. Das ist schlecht, wenn das Ding kaputt ist müssen wir vielleicht ewig auf einen passenden Ersatz warten. Hier in der Wüste. Und unser Visum gilt ja auch nicht ewig.“

Mit etwas mulmigem Gefühl fahren wir los und suchen nach kompetenten Menschen, die unseren Bruti reparieren können. Weit und breit ist keine menschliche Ansiedlung zu finden. Michael wird immer nervöser. Wir sind bereits seit einer Stunde unterwegs und das Lämpchen leuchtet mittlerweile dauerhaft. Endlich kommt eine kleine Stadt. Die Werkstätten sind immer am Ortsanfang oder am Ende. Bei einer davon halten wir auf's Geratewohl an und deuten mit hilfesuchendem Blick auf unser Batterielämpchen. Englisch spricht hier niemand. Anscheinend versteht man uns trotzdem, die Leute deuten auf eine andere Werkstatt. Wir fahren hin. Der Mechaniker kommt gleich her, wir steigen aus. Michael und er legen den Motor frei. Das heißt: Beifahrersitz weg, Abdeckung runter, Motorhaube weg. Dann schließt er irgendein Gerät an, es funkt – und sofort weiß der Mann Bescheid. Zügig fängt er an, die Lichtmaschine auszubauen. Michael sieht zu, ist total begeistert. Ich sitze in unserem Campingstuhl hinter dem Auto, halte den Hund bei mir (die Mechaniker haben Angst vor ihm), und werde von Michael auf dem Laufenden gehalten, was gerade passiert: Lichtmaschine raus, Diagnose: Die Kohlen sind verbraucht, die Lichtmaschine kann keinen Strom produzieren. Neue Kohlen gibt es gleich gegenüber. Drangelötet, Lichtmaschine eingebaut, Motorhaube und Abdeckung drauf, Sitz rein, fertig. Kostenpunkt: Umgerechnet 17 Euro. Wow, das hebt die Laune enorm!

Auf der Rückfahrt haben wir zwar herausgefunden, dass der Preis für dortige Verhältnisse total überteuert war, doch an diesem Tag hätten wir selbst das Doppelte noch lächelnd bezahlt. Als wir wieder fahrtüchtig sind, verabschieden wir uns von den Mechanikern und winken auch dem Grüppchen Schaulustiger, die sich um uns versammelt haben. Sie waren recht beeindruckt von Gomolf und wollten wissen, was er kostet. Doch unser Freund ist natürlich nicht zu verkaufen!

Bester Dinge und mit dem guten Gefühl, dass unser Bruti wieder Strom produziert, rollen wir weiter gen Pakistan. Die Landschaft rauscht an uns vorbei, sie ist flach und karg. Es gibt kaum noch grüne Tupfer in dieser Steinwüste. An einem Rasthof stoppen wir für einen kleinen Spaziergang. Gomolf muss lange suchen, um Grasbüschel zu finden, auf die er pinkeln kann. Am Boden wächst nur trockenes Gestrüpp. In ein paar Kilometern Entfernung sehen wir Berge. Wir laufen ein Stückchen in die Wüste hinein. Es ist kühl und an sonnengeschützten Stellen liegt sogar ein wenig Schnee. Das ist uns ein Foto wert – Schnee in der Wüste! Außerdem finden wir etwas, das aussieht wie Mikado-Stäbe. Stacheln eines Staschelschweines vielleicht? Michael findet noch den Unterkiefer eines augenscheinlich recht beißkräftigen Nagetiers. Und dann das Highlight des Tages: Michael bückt sich und hebt eine Armbanduhr auf! Das Ziffernblatt ist total vergilbt aber ansonsten sieht sie nicht schlecht aus. Eine Automatikuhr. Michael schüttelt sie ein bisschen und tatsächlich – sie läuft! Er ist ein echtes Sonntagskind (und wirklich an einem Sonntag geboren). Er findet oft Sachen – aber eine Uhr in der Wüste gab es bisher noch nie.
„Die liegt schon länger dort", vermutet er. – „Es liegt nichts anderes herum, was darauf deutet, dass hier jemand war. Du bist echt ein Glückspilz, wären wir drei Meter weiter rechts gegangen, hättest Du sie nie gefunden!" – „Ja, aber wer weiss, was dort drüben alles liegt", lacht er.

Leider hält die gute Laune nicht lange an. Wir wollen an dem Rasthof noch unseren Wassertank auffüllen, bevor wir weiterfahren. Bei dieser Gelegenheit verlasse ich den Bruti, zwar mit Kopftuch aber im T-Shirt. Eine handvoll Männer

betrachtet mich ungläubig. Michael ist sauer. „Wie kannst Du das denn machen? Hast Du vergessen, in welchem Land wir sind?!“ – „Ist doch bloß ein schlabbriges T-Shirt, nichts aufreizendes oder so...“, versuche ich mich zu verteidigen. „Aber kurzärmlig!“, entgegnet er, „und das geht in diesem Land nicht!“
Tatsächlich hatte ich mir die Kleiderordnung noch nicht genügend verinnerlicht: Immer weite Kleidung, die Arme und Beine komplett verdeckt. Mit Blick auf meine Sachen heißt das: Finger weg, nur noch Michaels Klamotten anziehen! Ich muss an die jungen Muslimas in Deutschland denken. Manche tragen ein Kopftuch und dazu eine enge Jeans und ein knappes T-Shirt. Wie viele Auseinandersetzungen mag es wohl gegeben haben, bis sie das durften? Bevor wir im Iran waren, hatten wir mal überlegt, ob die Frauen dort nicht durchaus Macht hätten, wenn sie sich verbünden und zum Beispiel einfach nicht mehr kochen würden. Jetzt fühle ich mich dumm, wenn ich daran denke. Die ungleiche Behandlung von Männern und Frauen ist hier so normal, dass die Gesellschaft in ihren Grundfesten erschüttert würde, sollte das plötzlich anders sein. Eine solche Entwicklung braucht viel Zeit.

Wir fahren täglich viele Stunden, vor allem Michael ist am Steuer nicht totzukriegen. Ich kann bei Tageslicht noch einigermaßen fahren, doch sobald es dunkel wird, fühle ich mich in dem fremden Land mit dem großen Bus nicht mehr sicher. Die schlecht beleuchteten Autos sind erst sehr spät zu sehen. Wenn ich dann auch noch müde werde, ist es vorbei. Aber Michael kann fahren, fahren, fahren. Der kann noch fahren, wenn ich nicht einmal mehr beifahren kann. „Leg' Dich doch oben ins Bett, Dir fallen schon dauernd die Augen zu“, sagt er. – „Überredet“. Ich krieche in die wunderbare Betthöhle und lasse mich von Bruti in den Schlaf brummen und wiegen. Wie praktisch es doch ist, ein rollendes Zuhause zu haben!

Einige Zeit später wache ich auf. Michael hat gerade auf einem Parkplatz angehalten – wahrscheinlich will er hier übernachten. Da klopft es ans Auto und drei Männer stehen davor, bis auf die Augen komplett verhüllt. Gestalten wie aus 1001 Nacht. Gomolf bellt, sie weichen erschrocken zurück. Gut so, denn Michael ist die Sache nicht ganz geheuer. Einer der Männer deutet an, dass er ein Pflaster braucht. Ein Hund hätte ihn gebissen. Michael hilft dem Mann und fährt dann eilig weg. „Es kam mir alles irgendwie komisch vor, ich hatte ein schlechtes Gefühl im Bauch", erzählt er mir später. Schließlich findet er einen Schlafplatz am Straßenrand in einem mittelgroßen Dorf und krabbelt todmüde zu mir ins Bett. „Hoffentlich ist es morgen früh ruhig hier", murmelt er noch.

Ein paar Stunden später werde ich von leisem, fordernden Quietschen geweckt. Ich blicke vom Hochbett herunter, da sitzt Gomolf und sieht mich eindringlich und schwanzwedelnd an. Er muss mal. Als ich nach unten klettere, rotiert der ganze Hund vor lauter Freude und Erleichterung. Wir machen uns auf und drehen eine kleine Runde durch die Wüste, damit Michael noch schlafen kann. Doch da kenne ich ihn schlecht, als wir zurückkommen ist er bereits wach. Ich will gerade Kaffee aufsetzen, als es klopft. Ein Polizist sagt uns, wir sollen wegfahren. Wir verstehen den Grund nicht und haben keine Lust. Erst Kaffee! Und normalerweise auch Frühstück. Und warum sollen wir wegfahren, es ist doch nichts los hier und wir stören niemanden. Er beharrt darauf und will unsere Pässe sehen. Wir geben sie ihm und merken schnell, dass wir sie nicht wiederbekommen werden, bevor wir wegfahren. Hmpf. Also fügen wir uns, sichern die Kaffeeutensilien und parken um, nur ein paar Meter weiter in eine Einfahrt. Dort gibt es dann auch das Frühstück. Doch mit jedem Bissen versammeln sich immer mehr Leute auf der Straße. Die kommen zwar nicht wegen uns, aber weil wir schon mal da sind, werden wir natürlich

eingehend betrachtet. Besonders die Kinder sind neugierig und haben bald entdeckt, dass wir einen Hund dabei haben. Sie machen sich einen Spaß daraus und schleichen um unser Auto herum. Wenn Gomolf bellt, rennen sie kreischend weg – um es kurz danach erneut zu versuchen.
Irgendwann hören wir schließlich eine herannahende Prozession – der Grund für die vielen Menschen. Mit Trommeln und Gesang nähert sich der Zug der Straße, an der wir ursprünglich standen. Deswegen sollten wir also wegfahren! Wir geben endgültig auf und packen zusammen. Die Leute sind zwar freundlich aber auch neugierig. Besonders morgens wollen wir lieber unsere Ruhe haben. Es ist anstrengend, immer aufzufallen. Auch als wir später am Tag in einem Städtchen einkaufen wollen, werden wir ständig beobachtet. In kleinen Geschäften finden wir Brot, Gemüse, Eier und Getränke. Nur unsere Suche nach einem Metzger bleibt vergeblich. Die Mädchen, die wir fragen ob sie englisch sprechen, sagen nur 'no' und laufen kichernd weg. So bleibt uns also nur die Zeichensprache, doch wir sind beide nicht in der Stimmung, einen Metzger oder eine Kuh pantomimisch darzustellen. So gibt es heute eben ein vegetarisches Abendessen.

Als wir am nächsten Morgen frühstücken wollen, sehen wir, dass unser restliches Brot verschimmelt ist. Doch unsere Chancen stehen gut: Ein Mann bedeutet mir, dass das nächste Dorf nicht weit ist. Außerdem haben wir das alte Brot als Anschauungsobjekt. Wir müssen tatsächlich nicht weit fahren, doch die Gassen des Bergdorfes sind so schmal und verwinkelt, dass wir mit Bruti nur knapp durchkommen. Im erstbesten Geschäft trage ich mein Anliegen vor. Der Mann schickt mich ein paar Meter weiter zu einer größeren Ansammlung von Frauen. Einige davon tragen stapelweise Fladenbrot – hier bin ich richtig. Als ich mich nähere, geraten die Frauen in helle

Aufregung. Hier waren sicher noch nicht viele Reisende, die Brot kaufen wollten. Sie schieben mich nach vorne zur Theke und drängen sich gespannt um mich. Es kostet mich etwas Überredungskunst, nur zwei der großen Brote zu kaufen – statt mindestens fünf oder zehn, das ist die normale Menge für die großen Familien hier. Als ich dann auch noch mit einem großen Schein zahlen will, und alle Frauen gleichzeitig auf den armen Bäcker einreden, ist er völlig am Ende. Er wühlt in seinen Schubladen nach Wechselgeld, wehrt zahllose Hände ab, die ihm Scheine vor die Nase halten, resigniert dann schließlich und gibt mir meine 10.000 Rial zurück. Mit einer eindeutigen Geste schickt er mich weg – das Brot ist heute gratis. Das wird von den Frauen mit wohlwollendem Raunen quittiert und sie schieben mich wieder in Richtung Bruti. Ich bin mehr als überrascht. 10.000 Rial sind nicht einmal 0,70 Euro, was kostet wohl so ein Brot? Erst später bestätigt sich unser Verdacht, dass die 10.000 Rial-Note tatsächlich die größte ist, die es gibt. Wie man hierzulande ein Auto bezahlt, bleibt uns ein Rätsel.

Die Temperaturen steigen langsam, denn wir sind ein paar hundert Kilometer südlich gefahren. Im Bus wird es manchmal ziemlich warm, deshalb hadere ich wieder mit den Kleidervorschriften. Ich soll mit langärmeligem Shirt und Kopftuch im heißen Fahrerhaus sitzen, während Michael ein T-Shirt und dünne, knielange Hosen trägt? Das können die doch nicht ernst meinen. In völlig menschenleerer Einöde nehme ich das Kopftuch im Bus versuchsweise ab. Doch schon das erste Auto, das uns überholt, wird vor uns wieder langsamer und bremst uns dann beinahe aus – während uns die Insassen ungläubig ansehen. Ich schlüpfte schnell wieder in das Tuch, dass ich mir mittlerweile so genäht habe, dass ich keinen Knoten mehr machen muss. Schließlich akzeptiere ich, dass ich es höchstens bei Dunkelheit abnehmen kann – aber auch nicht immer.

Ich sitze gerade am Steuer, als wir uns der Millionenmetropole Teheran nähern. Es ist schon dunkel, doch der Verkehr wird dichter, daher bin ich ordnungsgemäß verhüllt. Wir sind nervös. Im Reiseführer *Lonely Planet Iran* steht über die Hauptstadt Teheran, dass es verkehrstechnisch einfach völlig chaotisch sei. Besuchern aus unserer westlichen Welt wird dringend davon abgeraten, dort ein Fahrzeug zu lenken. Nun waren wir ja schon einiges gewöhnt und auch Michael ist schon früher überall auf der Welt Auto gefahren. Und wir wollen ja nicht irgendwo hin, sondern einfach nur durch Teheran durchfahren. Doch alles was wir haben, ist eine große Landkarte von allen Ländern der Seidenstraße. Da hat Teheran gerade mal 2 cm Durchmesser. Genau genommen ist es nur ein grauer Fleck auf der Karte, zu dem von allen Richtungen her Straßen führen. Mehr ist nicht zu sehen. Wir können nur mutmaßen, dass wir irgendwo dazwischen den Highway wechseln müssen. Natürlich haben wir noch den Stadtplan vom *Lonely Planet*. Er zeigt einen winzigen Ausschnitt aus dem Zentrum – sogar mit Straßennamen.
Der Verkehr nimmt zu, je näher wir der Stadt kommen. Bisher bin ich einfach immer nur geradeaus gefahren – scheinbar die falsche Strategie. Bald müssen wir uns eingestehen, dass wir uns rettungslos verfahren haben. Ich bin anscheinend – ohne es zu wollen – von der mehrspurigen Autobahn abgefahren, die uns noch die Hoffnung gab, die Stadt geradewegs durchqueren oder umfahren zu können. Nun sind wir mittendrin gelandet. In meinem Tagebuch steht: „Teheran ist die Stadt, wo das Chaos hinkommt, wenn in der Hölle kein Platz mehr dafür ist." Es ist wahrlich keine Freude, hier am Verkehr teilnehmen zu müssen. Die Menschen fahren bei mehrspurigen Kreuzungen über rote Ampeln! Die Autos, die grün haben, müssen natürlich bremsen. Das gibt ein Riesengedrängel aus Fahrzeugen, es wird wild gehupt, ausgebremst und abgeschnitten, abgedrängt und

reingedrückt. Unser Bruti hat leider ein ziemlich träges Gemüt – um nicht zu sagen, er ist völlig untermotorisiert – was ihn für hektischen Stadtverkehr leider nicht sehr tauglich macht. Mittlerweile haben wir getauscht und Michael sitzt hochkonzentriert am Steuer. Abgesehen von den gemeinhin ignorierten Verkehrsregeln findet sich allerlei Spektakel auf den Straßen – auch auf den größeren, vielbefahrenen. Wir sehen wieder eine religiöse Prozession, bei der sich die Läufer mit einer Peitsche selbst schlagen. Mitten auf der Straße. Außerdem die allseits beliebten Speed-Breaker, die Michael jedes Mal zwingen, auf etwa 20 km/h runterzubremsen. Wir wollen hier raus! Michael hält immer wieder an, wenn wir Leute sehen, die uns vielleicht helfen können. Ich springe raus und frage sie nach dem Weg. Zuerst sind sie völlig perplex, dann deuten sie in verschiedene Richtungen. Etwa fünf Stopps später glauben wir uns langsam auf einem guten Weg. Anfangs zeigten die Leute jeweils in unterschiedliche Richtungen – mittlerweile sind sie sich einig. Schließlich gerate ich an eine Gruppe junger Männer. Sie sind hilfsbereit, einer von ihnen steigt dann sogar auf sein Moped und fährt vor uns her. Er bringt uns auf den Highway Richtung Osten. Tausend Dank! Wir haben es geschafft und haben die Stadt endlich hinter uns gelassen. Michael kürt Teheran zu seiner persönlichen Horror-Autofahrerstadt und verdrängt damit Athen auf Platz zwei. Später wollen wir nichts mehr davon wissen und suchen uns den nächstbesten, ruhigen Schlafplatz.

Am nächsten Morgen können wir ausnahmsweise richtig lange ausschlafen. Wir frühstücken Fladenbrot mit Butter und Spiegeleiern, als Michael ein bekanntes Problem aufwirft: „Wir müssen heute unbedingt tanken“, bemerkt er. Die Suche nach Diesel begleitet uns, seit wir im Iran sind. Er ist zwar sensationell günstig, doch irgendwie rationiert. Die LKW-Fahrer müssen Coupons vorzeigen, die sie gegen Diesel tauschen. Wir wissen von nichts und bangen jedes Mal, ob wir Kraftstoff bekommen. Manche Tankstellen sind gesperrt und es gibt gar keinen Diesel. Tankstellen, die gerade welchen verkaufen, erkennen wir nur an den langen LKW-Schlangen. Die Luft dort ist voll von den Abgasen der laufenden Motoren. Überall hat sich eine schwarz-graue Schmutzschicht gebildet. Die Kassierer stehen direkt an den Zapfsäulen und kassieren immer ungefähr die angezeigten Beträge – meist runden sie natürlich auf. Es achtet aber niemand wirklich darauf, denn es kostet ja fast nichts – Hauptsache es geht schnell weiter. In dieser hektischen Atmosphäre um das kostbare und preisgünstige Diesel gehen wir zum Glück nie ganz leer aus, teilweise kostet es aber durchaus etwas Überredungskunst: Nur vierzig Liter. Ok, dreißig. Dann aber noch die Kanister voll, bitte.

Unser Weg Richtung Pakistan führt uns nach Zahedan, etwa 30 km von der Grenze entfernt. Wir haben alle benötigten Visa für die Hinreise bereits vorab besorgt, doch ein Kontrollblick in unsere Pässe lässt uns stutzig werden. Unser Visum für Pakistan ist zwar gültig, jedoch liegt der Termin für den Reisezeitraum noch zwei Wochen in der Zukunft. Wir sind aber schon fast dort und würden gerne morgen über die Grenze gehen. So entschließen wir, in Zahedan die pakistanische Botschaft aufzusuchen, um uns dort ein neues Visum zu besorgen. Noch zwei weitere Wochen im Iran? Nein, keine Lust. Wir wollen weiter. Wir erreichen Zahedan am Abend und haben nur eine vage Idee, wo wir schlafen sollen. Im *Lonely Planet* lesen wir von einem Hotel, das einen gesicherten Parkplatz haben soll – ob wir dort übernachten können?
Natürlich finden wir das Hotel nicht, werden aber stattdessen von einem hilfsbereiten Iraner aufgegabelt: Abdolla ist mit seinem Auto unterwegs, hat bemerkt dass wir Ausländer sind und bietet seine Hilfe an. Er bringt uns zu dem Hotel mit

besagtem Parkplatz. Dieser ist klein, von einer hohen Mauer umgeben und das Tor ist sehr niedrig. In einem schwierigen Manöver gelingt es uns, den Bruti dort hinein zu bugsieren. Die Mitarbeiter des Hotels erkennen schnell, woran sie bei uns sind und verlangen zehn Dollar für die Übernachtung auf dem Parkplatz. Das erscheint uns ganz schön viel, doch sie lassen sich nicht herunter handeln. Wir entschließen uns, direkt zur pakistanischen Botschaft zu fahren, um vielleicht dort irgendwo einen Schlafplatz zu finden. Dann sind wir morgen früh auch gleich vor Ort. Abdolla bringt uns zur Botschaft und wir treffen sogar noch zwei Mitarbeiter. Wir fragen sie nach einem Schlafplatz – und gleich auch wegen dem Visum. Die Männer sind sehr freundlich, sie erlauben uns auf dem Gelände der Botschaft zu parken und sagen, dass wir „Inshallah“ morgen ein Visum bekommen. Dieses „Inshallah“ (= wenn Gott will) ist uns im Iran schon öfters begegnet und hat sich als eher unbestimmte Aussage erwiesen. Wenn Gott will – dann geht es in Ordnung. Genauso gut könnte er aber nicht wollen. Der Mensch allein scheint wenig Einfluss auf dieses „Inshallah“ zu haben. So richtig beruhigt sind wir also nicht. Ein Mitarbeiter der Botschaft hat einen Hund bei sich, der sogar frei laufen darf und nicht aggressiv zu sein scheint. Wir lassen unseren Gomolf ein wenig mit ihm spielen. Später verspricht uns sein Besitzer, der Hund würde uns in der Nacht beschützen. „Was auch immer das heißen mag“, denken wir, und wollen den restlichen Abend gemütlich im Bruti verbringen.
Keine halbe Stunde nachdem wir gegessen haben, zieht eine laute Prozession eine Straße weiter an uns vorbei. Wieder einmal die Leute, die sich selbst schlagen, begleitet von lauten Trommeln. Mittlerweile haben wir gehört, dass dies in Gedenken an Imam Husain veranstaltet wird. Er war ein Enkel des Propheten Mohammed und wurde in der Schlacht von Kerbela im Jahre 680 getötet. An dieses für Schiiten und Aleviten tragische Ereignis erinnern sie mit den alljährlichen

Aschura Riten: Erzählungen, Selbstgeißelungen und kultische Inszenierung des Martyriums von Husain. Die Schlacht zerstörte damals die Hoffnung der Schiiten, ihren Imam als Oberhaupt der islamischen Gemeinde einzusetzen und besiegelte die endgültige Trennung zwischen Sunniten und Schiiten. In der islamischen Geschichte steht die Schlacht von Kerbela als einer der tragischsten Vorfälle für die Schiiten. Viele Anhänger Husseins hatten ihm zum Zeitpunkt der Schlacht schon den Rücken zugekehrt, sie hatten Angst vor dem übermächtigen feindlichen Heer. Es wird berichtet, dass das Truppenverhältnis 10.000 gegen 72 zu Ungunsten Husseins gewesen sei. Er und seine Leute wurden erbarmungslos niedergemetzelt.

Ganz so laut wie auf dem damaligen Schlachtfeld ist es heute nicht, dennoch ist an Schlaf nicht zu denken – wir versuchen es erst gar nicht. Die Gesänge und Trommeln halten uns bis etwa zwei Uhr nachts wach. Dann ist der Spuk vorbei und wir kriechen müde ins Bett. Doch die nächste Störung wartet schon: direkt vor dem Bruti bellt ein Hund. Er bellt und bellt und hört einfach nicht auf. Drei Sekunden Pause – dann bellt er wieder. Es ist zum verrückt werden! „Das ist doch der Hund von der Botschaft!“ schnaubt Michael. „Ich geh raus und geb' der Töle einen Tritt!“ – „Der hat den festgebunden“ antworte ich, „direkt am Zaun neben unserem Auto.“ – „Bitte, mach irgendwas, Du könntest wahrscheinlich einfach schlafen aber ich mach kein Auge zu!“ So dringt es an mein Ohr während ich schon fast wegdöse. Aber so einfach kann ich auch nicht schlafen bei dem Gebell, also nochmal raus! Tatsächlich ist der Hund an einer kurzen Kette am Zaun angebunden. Und bellt ohne Unterlass. Als ich mich nähere hört er auf und beäugt mich misstrauisch. Ich hätte ihn am Liebsten von seiner Kette befreit, doch sobald ich danach greife knurrt er mich an. Ich traue mich nicht weiter und gehe unverrichteter Dinge zurück. Doch siehe da – der

Hund bellt nicht mehr! Endlich können wir schlafen!

Am nächsten Tag wollen wir das mit dem Visum für Pakistan klären. Ob er wohl einfach so das Datum ändert? Und ob wir dafür zahlen sollen? Inshallah... doch es ist erst Nachmittags jemand zu sprechen. So vertreiben wir uns die Zeit am Bazar. Wir haben Gomolf dabei und es ist etwas anstrengend, da wir mit ihm überall auffallen. Die Menschen haben zwar Angst, doch es gefällt ihnen, dass er immer bei uns bleibt und tut, was wir sagen. Gomolf ist schon fast so groß wie ein Schäferhund, das schindet Eindruck. So werden wir ständig von unzähligen Augenpaaren und einigen Kindern verfolgt. Zum Glück haben sie genug Respekt vor dem Hund und erliegen nicht der Versuchung, ihn an seinen großen Schlappohren oder am Schwanz zu ziehen. Gomolf – gegen Kinder unendlich geduldig – würde sich nicht mal sonderlich wehren.

Wir beschränken uns beim Einkauf auf ein paar süße Gebäckstücke und Getränke. Coca-Cola gibt es übrigens auch hier im Iran, da machen die Amerikaner anscheinend eine Ausnahme was das Handelsembargo betrifft. Wir wollen schnell wieder zum Bruti und zur pakistanischen Botschaft. Dort angekommen fragen wir gleich nach dem Visum. Der Botschafter wirft einen Blick in unsere Pässe. „Kein Problem, das Visum ist doch gültig." – „Können wir damit morgen schon einreisen?" – „Ja, natürlich."
„Und für diese Information haben wir eine halb schlaflose Nacht hier verbracht?" murmelt Michael beim Zurückgehen. – „Ich hoffe, dass die an der Grenze wirklich keine Probleme machen", antworte ich. – „Lass uns sehen dass wir hier wegkommen, es wird schon stimmen." – „Ok, machen wir", stimme ich zu.
Wir wollen gerade das Botschaftsgelände verlassen, da kommt der Mann angelaufen und ruft uns hinterher:

„Hallo, hallo Mister! Wollen Sie jetzt schon zur Grenze fahren?"
„Ja, wir fahren gleich los."
„Das geht nicht, Sie müssen noch auf die Polizeieskorte warten."
„Polizeieskorte? Die brauchen wir nicht."
„Es ist für Ihre Sicherheit, Sie dürfen nicht ohne die Polizei fahren. Das ist zu gefährlich."

'So ein Blödsinn' denken wir uns, stimmen aber doch zu, schließlich dauert es nur etwa eine halbe Stunde – so wurde uns gesagt. Zwei Stunden später war die Polizei dann auch endlich da. In der Zwischenzeit ist auch unser Freund Abdolla von gestern nochmal aufgetaucht, im Gepäck ein kleines Geschenk für uns: Zwei Dosen Bier.
Doch wie sollte er es uns geben? Er hatte es im Auto und um uns stehen drei Polizeifahrzeuge samt Besatzung. Abdollas Auto steht direkt daneben. „Ich wollte Dir ja noch eine Kassette mit Musik aus meinem Land schenken, dann können wir in Dein Auto gehen und die Kassette spielen", schlägt Michael vor. Wir haben noch alte Schlagerkassetten von meinem Opa im Gepäck, die kommen nun zum Einsatz. Mit der Kassette gestikulierend laufen die Männer zum Auto und beim Sound von Marianne Rosenberg gibt Abolla Michael schnell das Bier. Er will kein Geld dafür sondern versichert Michael noch, dass das sein Protest gegen die strengen Regeln hier sei. Solch revolutionärer Geist ist uns willkommen! Wir wünschen ihm alles Gute und verabschieden uns von ihm. Unsere Eskorte ist mittlerweile startklar.

Die Polizisten bringen uns bis kurz nach Zahedan, dort heißt es dann, dass wir wieder auf andere Leute warten müssen. Nach einer weiteren halben Stunde herumstehen sind wir schon etwas genervt von der Warterei. Die Eskorte bringt uns in die letzte Stadt vor der Grenze zu Pakistan. Natürlich wollen wir

hier nochmal den Tank und alle Kanister mit dem sensationell günstigen iranischen Diesel auffüllen, doch an der Tankstelle heißt es nur: „Inshallah gibt es morgen wieder Diesel. Heute nicht mehr." Der Tankwart bringt uns zur Polizeistation, wir sollen dort vor dem Tor parken, da sind wir sicher für die Nacht. Da es auch einigermaßen ruhig zu sein scheint und wir keine Lust auf Diskussionen haben, stimmen wir zu und bleiben dort. Wir haben beide ziemlich Hunger, so werfe ich einen Blick auf unsere Vorräte:
„Bratkartoffeln kann ich machen... da haben wir noch genug." – „Und was gibt's dazu?"
„Ein bißchen... anderes Gemüse vielleicht." Michael scherzt: „Hey, ich heiß Fleischmann und Du willst mir hier Gemüse mit Gemüse kochen?!" Ich gebe ihm einen Kuss. „Wenn Du mir aus der Wildnis mal was jagen würdest, könnten wir das essen. Oder wir finden noch heraus was 'Fleisch' auf Farsi heißt." – „Heute Abend nicht mehr, keins von beidem", antwortet er, „ich freu mich einfach nur auf's Essen, Deine Bratkartoffeln sind die besten!"

So gehe ich ans Werk. Als die ersten Kartoffeln gerade in der Pfanne knusprig werden, klopft es an die Tür. Iranische Geheimpolizei in Zivil. Aha. Michael debattiert mit dem Beamten, er will dass wir hier sofort wegfahren, es wäre nicht sicher. Außerdem möchte er unbedingt den Bruti von innen sehen. Michael protestiert: „Das ist unser Zuhause, Du kannst da nicht einfach reingehen. Ihr seid doch Muslime. Meine Frau ist da drin und kocht – ohne Schleier!"
'Da drin kann man sogar kochen...?' mag sich der Polizist gedacht haben, jedenfalls will er jetzt erst recht einen Blick hinein werfen. Michael schimpft, und fordert ihn auf, wenigstens seine Schuhe auszuziehen, da es sich ja um unser Wohnzimmer handelt. Der Mann gehorcht und sieht sich staunend um. Erst als er mich erblickt, schiebe ich langsam

meinen Schleier in Position. Vielleicht schämt er sich jetzt wenigstens ein bisschen, weil er die Frau von dem Deutschen quasi nackt gesehen hat. Er wiederholt nochmal, dass wir wegfahren sollen. Wir zeigen auf die Pfanne, die Bratkartoffeln und Teller: „Wir wollen essen! Wir parken extra hier weil man uns gesagt hat, es wäre sicher!“ Der Polizist versteht nur die Hälfte, doch dass wir essen wollen können wir ihm klar machen. „Kommt in einer halben Stunde nochmal, dann haben wir fertig gegessen.“ – „Aber wir müssen Euch auch gleich morgen früh zur Grenze bringen.“ Das klingt nicht nach einem Ausschlafen, deshalb protestieren wir: „Morgen früh? Ok, um acht Uhr, aber nicht früher. Und jetzt wollen wir essen. Ihr könnt in einer halben Stunde wiederkommen, dann fahren wir weg.“ – „Ok“, stimmt der Polizist schließlich zu und verabschiedet sich. Das Auto fährt weg und wir können endlich in Ruhe unsere Bratkartoffeln essen. Dazu gibt's Karotten.

Als nach einer dreiviertel Stunde immer noch niemand aufgetaucht ist um uns einen sicheren Schlafplatz zu zeigen, genehmigt sich Michael einen Drink aus dem Kanister 'destilliertes Wasser'.

„Gut dass wir den mitgenommen haben“, grinst er, „morgen beim Grenzübertrit verstauen wir den Kanister wieder beim Werkzeug, da hab ich alle möglichen Behälter mit Flüssigkeiten.“

„Das ist gut“, stimme ich zu und schenke mir auch einen Schluck in mein Saftglas, „aber ich denke dass die uns morgen eh nicht ins Auto schauen.“ – „Glaub ich auch nicht, trotzdem sollten wir immer vorsichtig sein.“ – „Ist ganz schön krass, wie die Polizei uns hier dauernd beschützen will. Ob das hier wirklich so gefährlich ist?“ – „An Grenzen ist es immer gefährlicher als im Landesinneren“, erklärt Michael. „Vor allem hier. Hier sind Schmuggler ohne Ende unterwegs: Drogen, Waffen, Benzin,... hier treibt sich alles Mögliche herum.“

Wir grübeln noch eine Weile und blicken dabei in eine unbekannte Zukunft: Morgen fahren wir nach Pakistan! Wir haben wenig Ahnung, was uns dort erwarten wird. Es gibt kaum Reiseberichte oder andere Informationen darüber. Wir haben nur eine Landkarte und einen Reiseführer. Doch von dem, was Pakistan für unseren Bruti wirklich bedeuten würde, hatten wir zu diesem Zeitpunkt noch keine Vorstellung.

Am nächsten Morgen werden wir unsanft geweckt. Sechs Uhr. Mindestens 10 Soldaten und Polizisten stehen vor unserem Auto. Sie klopfen laut und hektisch. Wir sollen mitfahren. Sofort zur Grenze. Nein, kein Kaffee. Diesel...? Nein, keine Chance. Wir werfen uns schnell ein paar Klamotten drüber und schütten uns ein bisschen Wasser ins Gesicht. Solche Morgen können wir beide nicht ausstehen. Aber es hilft nichts, wir werden sofort zur Grenze eskortiert. Dort angekommen stehen wir mit einigen anderen Grenzgängern vor geschlossenen Toren. Auch im Reiseführer war zu lesen, dass die Grenze erst zwischen sieben und acht Uhr öffnet. Wir ärgern uns, dass wir aus dem Iran so unsanft und stressig herausgeworfen werden. Wir nutzen die Wartezeit zum Kaffeekochen und Zähneputzen. Unsere Eskorte lässt uns immer noch nicht aus den Augen. Dann ist es schließlich soweit: Das große Tor öffnet sich, zusammen mit den anderen Leuten strömen wir hindurch und reihen uns ein, um die üblichen Formalitäten zu erledigen. Die Computer auf der iranischen Seite sind zwar alt aber der Papierkram wird schnell erledigt. Weiter geht's nach Pakistan. Wo ist die Straße? In welche von den Hütten müssen wir wohl? Es gibt nichts mehr, was offiziell aussieht. Verschiedene Leute stürmen auf uns zu und wollen Geld wechseln oder uns etwas verkaufen. Sie haben dunkle Bärte und sind in wehende Gewänder gewickelt, manche tragen einen Turban. Sie erwecken nicht gerade unser Vertrauen, doch wir rechnen nicht damit, dass wir irgendwo anders Geld wechseln können. Der

hartnäckigste unter den Wechslern verfolgt uns auf Schritt und Tritt. Er deutet uns den Wechselkurs mit Fingerzeigen und Michael hält ihn hin, um im Kopf nachzurechnen. Das Angebot ist in Ordnung, wir machen den Deal. Unter den Argusaugen von meinem Mann gibt uns der Bärtige keinen Schein zu wenig und wir verabschieden uns zufrieden.
Wir folgen dem Strom der anderen Grenzgänger und passieren verschiedene Kontrollpunkte. Die Beamten tragen unsere Daten handschriftlich in riesengroße Bücher ein. Das dauert, doch sie sind sehr freundlich. Pro Stempel eine Tasse Chai. Auch unser Visum macht keine Probleme und der Bruti wird nicht kontrolliert. Dem Zollbeamten genügt ein flüchtiger Blick in unser Fahrzeug und ein Versprechen von Mann zu Mann: Wir haben keine Waffen dabei. Ehrenwort!

## Pakistan

„The road ist beautiful", antwortet grinsend der letzte pakistanische Grenzbeamte, als ich ihn frage was auf uns zukommen würde. Er knallt seinen Stempel in unsere Pässe und wünscht uns den Beistand Allahs für unsere Reise. Und in der Tat: die Road ist beautiful. Ein frisch geteerter Streifen quer durch die Wüste. Ein wunderschöner Anblick. Doch nach ca. zwei Stunden Fahrt endet die Straße und schlagartig wird uns bewusst, warum wir den Beistand Allahs brauchen würden. Ein schmaler Pfad schlängelte sich durch die Wüste Richtung Berge, es gibt keinen Asphalt mehr. Da ist sie, die alte Hippie Straße. Dies ist nach eines der gefährlichsten Stücke unserer Reise und wir wollen es so schnell wie möglich hinter uns bringen. Doch die holprige schmale Straße lässt keine hohen Geschwindigkeiten zu – zumindest nicht für uns. Ganz anders die Pick-up-Jeeps, die komplett mit Kanistern beladen sind: Sie rasen mit Vollgas auf uns zu und genau so überholen sie auch. Wahrscheinlich Benzinschmuggler. Hier vertieft sich das asiatische Fahrgefühl: Wer ausweicht, verliert. Daher gebe ich schnell das Steuer ab und Michael lenkt uns nach Dal Bandin, einem Kontrollposten in den Bergen. Wir sehen ein paar Hütten und eine Kette quer über der Straße. Wir zeigen den Leuten unsere Ausweise, wissen aber nicht, wer sie sind. Es gibt keine Uniformen und alle sind bewaffnet. Es ist uns zunächst nicht ganz geheuer als sie uns auf rudimentärem Englisch zu verstehen geben, dass wir nicht weiterfahren dürfen: „You tourist. Not go. Dangerous! Sleep here." Wir versuchen zu widersprechen, aber die Leute schütteln stumm mit dem Kopf und machen keine Anstalten, uns weiter zu lassen. Also nehmen wir die Einladung an. Sofort werden wir von allen Seiten herzlich begrüßt. Sie zeigen uns einen Stellplatz. Wir haben kaum geparkt, da reichen sie uns ein Tablett mit einer leckeren Mahlzeit in den Bruti. Es gibt Fleisch, Gemüse, Reis und Fladenbrot – mehr als genug für uns beide. Lecker! Wir sitzen noch eine Weile mit unseren Gastgebern vor dem Fahrzeug und erzählen vom fernen Deutschland. Später kriechen wir in unser Schlafnest. Die Nacht ist lau und so entfernen wir das Dachfenster aus der Verankerung und schieben es beiseite. Wir blicken in den Sternenhimmel und fallen langsam in den Schlaf.

Am nächsten Vormittag bekommen wir einen kleinen Einblick in das Leben der Arbeiter am Kontrollpunkt. Es herrscht keine Eile oder Hektik. Das Wort des Anführers gilt, genauso wie sein Vorrecht auf einen der wenigen Plastikstühle. Um das Essen kümmern sich die Jüngeren, insgesamt leben hier etwa zwanzig Mann. Sie wohnen dort für drei Monate in Lehmhütten und Zelten. Dann werden sie abgelöst und fahren nach Hause zu ihren Familien. Ringsherum gibt es nur Steine und Berge, das nächste Dorf ist zwei Stunden entfernt. Alles ist geprägt von der ständigen Flut an Fahrzeugen, die auf der Straße daherkommt, an der Kette abbremst und dann nach kurzer Überprüfung rasselnd, klingelnd und klimpernd darüber fährt. Jeder, der von West nach Ost will, muss hier durch.

Wir erbeten uns die Erlaubnis, die Gegend zu erkunden. Die absolute Weite fasziniert uns. Gomolf stürmt ausgelassen über den steinig-sandigen Boden. Vereinzelt wächst noch ein bisschen Gestrüpp. An den vielen Reifenspuren sehen wir, dass der Kontrollpunkt Dal Bandin auch gerne umfahren wird. Die Wüste verschluckt alles. Michael überlegt: „Schau mal, wie willst Du denn so eine Gegend kontrollieren? Das geht doch gar nicht. Hier ist immer noch Grenzgebiet. Und es gibt weit und breit nur diese eine offizielle Straße. Für uns sieht das hier alles gleich aus, überall Wüste und Berge." – „Ja, ich als Schmuggler würde mich rettungslos verfahren. Ob die Jungs wohl einen Kompass haben?" frage ich. – „Nein, ich glaub die kennen die Gegend einfach in- und auswendig", antwortet Michael. „Komm, gehen wir zurück", sagt er dann, „ich will schauen ob ich so ein Tuch bekomme, dass die hier alle tragen. Mit kariertem Muster und Fransen – wie die Palästinensertücher." – „Klar, vielleicht kannst Du ihnen eins abkaufen", stimme ich zu. – „Abkaufen? Na ja, wart mal ab. Wir haben bestimmt irgendwas dabei, was die Jungs gut brauchen können."

Ich bin gespannt was er vor hat. Als wir wieder im Bruti sind, kruscht Michael in den Schränken und kommt schließlich mit geheimnisvoller Miene zu mir. „Schau mal, die tausche ich jetzt ein." Er hält mir eine Sonnenbrille mit orangefarbenen Gläsern hin – ein Werbegeschenk. „Sowas wird bei uns in Deutschland verschenkt aber das ist gute Qualität – im Vergleich zu dem, was es hier gibt. Nämlich gar nichts. Oder hast Du hier schon einen mit Sonnenbrille gesehen?" – „Nein, hab ich nicht. Coole Idee, probier's mal!" antworte ich.

Dann schnappt er sich den nächstbesten Wachposten und zeigt ihm die Brille. Das Interesse ist geweckt und sogleich kommen die anderen von allen Seiten angelaufen. Gibt's hier was umsonst? „Hey Leute, ich tausche mit Euch! Gib mir etwas von Dir und Du bekommst die Sonnenbrille!" Sofort suchen alle nach etwas, was sie eintauschen könnten. So kommt Michael zu seinem Fransentuch original aus Pakistan! Dann tauscht er noch einen einfachen Silberring gegen eine zweite Brille. Ein guter

Deal für beide. Die Wachmänner freuen sich wie Kinder und erzählen uns, dass sie die Brillen zum Motorradfahren benutzen werden – gegen den Staub in den Augen.

Wir sind positiv beeindruckt von den Leuten hier, die uns sehr freundlich und offen begegnen. Wir werden immer gerne an diese erste Nacht in Pakistan denken.
Mittags machen wir uns wieder auf den Weg. Nach einer halben Stunde Fahrt durch kleine Siedlungen und große Weiten sehen wir ein paar Männer mit einem Wasserschlauch: Eine Autowaschstation in der Wüste. Eine super Gelegenheit für uns, um unseren Wassertank aufzufüllen. Michael übernimmt die Verhandlungen und das Auftanken – es ist kostenlos. Am Ende schießt er noch ein Bild von den Männern mit dem Schlauch. Die Männer posieren, der Schlauch wird in die Luft gehalten und spritzt auf das Dach unseres Fahrzeugs. Ich bin im Bruti und denke so bei mir: „Warum kommt von oben Wasser herein...?“ Ein Blick an die Decke und ich verstehe: Wir haben unser Campingfenster nicht befestigt und verloren! Es lag lose auf dem Dach, da wir es am Vorabend offen hatten! Oh Nein. Ich sage zu Michael: „Hey... wir haben ein Problem.“ Er unterhält sich immer noch mit den Männern, zeigt allen das Foto, das er geschossen hat... „Hey, Michael! Komm mal bitte.“ Schließlich kommt er ins Auto: „Mach mal keine Panik! Die schenken uns ihr Wasser, da musst Du mir schon kurz Zeit geben, um mich zu verabschieden!“ – „Wir haben unser Dachfenster verloren“, antworte ich mit tonloser Stimme. Da versteht er den Ernst der Lage. „Verdammt, das finden wir doch niemals! Wie lange sind wir denn gefahren?“ – „Vielleicht eine Stunde?“ vermute ich. Fluchend schwingt sich Michael hinters Steuer und wendet den Bruti wieder Richtung Grenze. Alles nochmal rückwärts. Die Straße ist eine steinige, schmale Piste und bei jedem Gegenverkehr ist Millimeterarbeit gefragt. Bloß nicht zu viel ausweichen – und bloß nicht zu wenig. Der

Stärkere hat Vorfahrt und darf auf der Straße bleiben. Der Schwächere muss in den Straßengraben.

Viel mehr beschäftigt uns gerade allerdings, was wir wohl anstellen, falls wir das Fenster nicht finden sollten.
„Das ist so mistig!“ flucht Michael. „Das regnet Dir direkt aufs Bett in der Nacht! Mitten ins Gesicht. Wie soll ich das denn dicht kriegen?“
– „Wir können ja ein Brett draufmachen...“ sage ich vorsichtig.
– „Ein Brett draufmachen. Und wie willst Du das festmachen? Oder willst Du einfach immer ein Brett mit herumziehen und das jeden Abend aufs Dach hieven, oder wie stellst Du Dir das vor?“ Michael ist wütend. „Wie konnten wir nur so blöd sein. Unser Dachfenster! Sowas kriegst Du hier nirgendwo! Hier nicht und in Indien auch nicht. In Deutschland hast Du vielleicht eine Chance aber da kostet es zweihundert Euro!“ schimpft er. – „Glaubst Du wir haben es gleich am Anfang verloren?“ frage ich. – „Wahrscheinlich schon“, antwortet er missmutig.
Dann sind wir endlich bei unserem Schlafplatz vom Vortag angelangt. Weit und breit ist nichts von unserem Dachfenster zu sehen. Wir fragen die Wachposten – sie haben auch nichts gesehen. Wir fahren die ersten zwei Kilometer zurück und schauen uns alles genau an. Es muss doch da sein! Wir können doch nicht mit einem Loch im Dach weiterfahren! Dann drehen wir erneut um: Einmal schauen wir noch. Wir fahren wieder fast ganz zurück und mit jedem Meter schwindet die Hoffnung, dass wir es noch finden. Das ist unsere letzte Chance. „Schau nochmal genau hin, ok? Du rechts, ich links!“, sagt Michael. Erneut suchen wir mit unseren Augen die Umgebung ab. Weit vor uns steht eine Gruppe Kinder am Straßenrand. Sie haben etwas großes weißes in der Hand und winken uns. Noch bevor ich begriffen habe, ruft Michael: „Die haben unser Dachfenster, schau!“ Jetzt erkenne ich es auch. Sie haben es tatsächlich

gefunden! Wir sind überglücklich. Es hat einen kleinen Sprung abbekommen, aber das stört uns nicht weiter. Wir bedanken uns und beschenken die Kinder mit Baseballkappen und Stiften aus unserem Fundus. Sie freuen sich riesig. Gott sei dank, das ist nochmal gut gegangen.

Dann beeilen wir uns, um endlich weiterzukommen. Kurz darauf werden wir von einer Gruppe Männer angehalten. Sie kommen uns entgegen und wollen wissen, was wir hier noch machen. Wir seien doch schon vor Stunden gestartet. Die Männer haben Waffen und Funkgeräte. Wir versuchen zu erklären, dass wir unser Dachfenster verloren und gesucht haben. Es interessiert sie nicht im Geringsten und sie drängen uns zur Weiterfahrt. Die einzelnen Kontrollposten wissen anscheinend bereits vor unserem Eintreffen, dass wir kommen. So gehorchen wir und setzen unsere Fahrt fort.
Die gewundene Straße kreuzt immer wieder die alten Bahngleise. Davor finden sich windschiefe verrostete Schilder mit aufgemalten Totenköpfen, die vor dem Betreten der Gleise warnen. Der Verkehr ist zwar nur spärlich aber wegen der schmalen Straße sind die Begegnungen immer waghalsig. Benzinschmuggler sind in ihren Pick-Ups unterwegs, ansonsten Motorradfahrer, Eselskarren und die unverwechselbaren pakistanischen Lastkraftwagen. Jedes dieser Fahrzeuge ist ein Unikat und bis ins letzte Detail geschmückt und verziert. Alles ist über und über behangen mit Kettchen, Glöckchen und Klimpereien. Auf den großen Flächen sind unzählige kleine Plättchen mit handgemalten Motiven befestigt. Viele der Fahrzeuge besitzen handgeschnitzte, phantasievolle Aufbauten und großflächige, gemalte Bilder von Lokalpolitikern oder Filmstars. Ausnahmslos jeder LKW ist geschmückt und das immer mit viel Liebe zum Detail. Wenn einer vorbei fährt, hört man es minutenlang klimpern, klappern und klingeln. Es scheint fast eine Art Volkssport zu sein. Wir beschließen, uns

ein Accessoire für unseren Bruti zu besorgen, um es den Pakistanis gleichzutun.

Die Kontrollposten halten uns alle paar Kilometer an. Es läuft immer gleich ab. Michael muss in die Amtsstube, eine kleine Hütte am Wegrand. Dort wird erst einmal Chai angeboten. Dann muss er unsere kompletten Personalien in ein großes Buch eintragen. Natürlich wird er jedes Mal gefragt, wer wir sind und was wir hier tun. Um den Prozess zu beschleunigen, leisten wir Vorarbeit: Wir schreiben Zettel mit allen benötigten Informationen, die wir dem Kontrollposten kommentarlos in die Hand drücken. Sie reagieren verdutzt, doch es funktioniert. Zu späterer Stunde endet unsere Fahrt wieder an einer Straßenkontrolle. Dort hören wir das gleiche wie am Abend zuvor. Es wird schon dunkel, ihr könnt nicht weiterfahren – zu gefährlich. Wir sollen wieder hier schlafen doch die Stimmung ist angespannt. Es hat kurz zuvor Probleme gegeben und der Chef gibt uns zu verstehen, dass er besseres zu tun hat, als auf uns Deutsche aufzupassen. Trotzdem werden wir wieder reichlich mit Abendessen bewirtet. Wenig begeistert erklärt uns der Oberst, dass das seine Pflicht als unser Gastgeber sei. Michael rettet die Situation als er erklärt, dass wir vor allem aus religiösem Interesse sein Land besuchen. Unser Gegenüber wird versöhnlicher: „Heute Abend habe nicht viel Zeit. Aber morgen können wir uns darüber unterhalten." – „Ok, machen wir. Vielen Dank nochmal für alles und gute Nacht", verabschieden wir uns.
Vielleicht bedeutet Gastfreundschaft hierzulande so viel, weil die Menschen in einer so weitläufigen und dünn besiedelten Gegend auf ihre Mitmenschen mehr angewiesen sind als bei uns. Wir witzeln noch eine Weile über die Vorstellung, mit dem Bruti an einer deutschen Polizeistation anzuhalten und dort zu Campen. Und wenn ein Polizist kommt, halten wir ihm einen handgeschriebenen Zettel mit unseren Personalien hin und

fragen, wo unser Abendessen bleibt...
Am nächsten Morgen wache ich auf, weil Michael die Schränke durchwühlt. „Bist Du schon lange wach?“ murmele ich schlaftrunken. – „Guten Morgen mein Schnuck! Schau mal, was ich da habe!“ antwortet er und hält mir ein Buch unter die Nase: Der Koran – in deutsch und arabisch. „Ich wusste, dass ich ihn hier brauchen werde!“ sagt Michael triumphierend. – „Und was machst Du damit?“ will ich wissen. – „Ich muss mich doch nachher mit unserem Freund hier unterhalten“, erklärt er. – „Ok, coole Idee... gibt's schon Kaffee?“ frage ich hoffnungsvoll. – „Du kleiner Morgenmuffel“, antwortet Michael und hält mir die volle Blechtasse hin. „Schau mal, Du musst nicht mal aus dem Bett-Nest kriechen“, grinst er, „Luxusurlaub in Pakistan!“

Später gehen wir zu unserem Gastgeber. Ich fühle mich ein bisschen wie vor einer Schulprüfung, für die ich schlecht gelernt habe. Zum Glück wird er hauptsächlich mit Michael sprechen. Der ist im Gegensatz zu mir in Hochform. Uns werden Plastikstühle angeboten. Vier Männer sitzen schon da, unter ihnen der Chef. Wir stellen uns noch einmal vor und Michael betont seinen zweiten Namen: Michael *Jussuf*. Die Pakistanis blicken ihn ungläubig an. – „Papa Muslim!“ erklärt er. „Mein Vater heisst auch Jussuf und ist Muslim. Aber meine Mama ist katholisch und die restliche Familie auch“, flunkert er. „Daher ist mein erster Name – Michael – aus der Bibel und mein zweiter Name aus dem Koran.“ Ich muss kurz an das beschauliche Dorf im bayerischen Wald denken, in dem das Elternhaus von Michael steht. Sein Vater Josef, ein echtes bayerisches Urgestein, glaubt eher noch an den Wolpertinger als an Allah. Doch die Geschichte kommt an. Die Gesichter der Männer hellen sich auf. „Wo geht Dein Vater beten?“ wollen sie wissen. – „Es gibt leider keine Moschee in der Nähe“, ist die Antwort, „er müsste sehr weit laufen aber er ist schon alt.“ Das verstehen sie. „Aber warum bereist ihr mein Land? Es ist viel zu gefährlich für Euch“, sagt der Chef. – „Wir möchten Eure Kultur und Religion kennenlernen“, antwortet Michael ehrlich. „Im Koran steht, dass ich als Suchender immer willkommen bin. Ich habe den Koran gelesen. Schau, ich habe ihn sogar dabei.“ Damit ist das Eis gebrochen. Unser Gastgeber kennt die Stelle im Koran und zeigt sie uns sogar. Dann erzählt er uns, dass Allah der Größte ist. Wir stimmen zu und alles ist in Ordnung.

Michaels Blick schweift auf die Überreste eines VW-Pick-Ups, dass zwischen den Lehmhütten steht und vor sich hinrostet. Brutis Großvater. Es war uns am Vorabend schon aufgefallen, nur die Karosserie ist noch übrig. „Wie kommt denn dieses deutsche Auto hierher?“ fragt er. – „Ach, das steht schon ewig da“, winkt der Chef ab. „Ein paar Leute wollten eine Bank damit überfallen und kamen nicht rechtzeitig davon.“

Wir sind recht froh, als wir wieder auf der Straße sind. Vor uns liegt Quetta, die Hauptstadt von Baluchistan. Eher berühmt-berüchtigt als das Ziel einer schönen Städtereise. Trotzdem – unser Weg geht da durch. Wir planen, dort einige Besorgungen zu machen, schließlich ist Quetta eine der wenigen größeren Städte auf unserer Route durch Pakistan. Doch es kommt anders. Kaum sind wir in die Stadt gefahren, werden wir von der Polizei angehalten. Sie wollen nicht, dass wir hier frei herumfahren und bringen uns zum Marriot Hotel. Hier sollen wir bleiben. Um guten Willen zu beweisen gehen wir in das schmucke Hotel und fragen, was ein Zimmer kosten soll. 120 Dollar. Das steht für uns nicht zur Debatte, schließlich haben wir unser Bett dabei! Wir versuchen, das den Polizisten zu erklären, doch ihr englisch reicht nicht aus. Sie organisieren jemanden, der besser englisch spricht. Als der endlich eintrifft, sind wir schon etwas genervt. „Dürfen wir uns hier nicht frei bewegen?“ fragt Michael den Dolmetscher. „Wir haben ein Visum für dieses Land und werden ständig bewacht. Wir sind Touristen, nicht Terroristen!“ – „Es ist für Eure Sicherheit“, lautet die Antwort. – „In Ordnung. Aber wir wollen uns Quetta ansehen und ein wenig einkaufen“ erklären wir. – „Ihr könnt gehen aber ich schicke Euch diese zwei Polizisten mit“, schlägt er vor. Die beiden sprechen jedoch kaum englisch und die Aussicht auf eine Besorgungsfahrt mit ihnen finden wir wenig erbaulich. Wir beraten uns kurz und beschließen, unsere Einkäufe zu vertagen und die Stadt gleich zu verlassen. Wir wollen nicht ständig überwacht werden! Unsere Vorräte dürften zumindest bis zum nächsten Örtchen reichen. „Wir bleiben nicht in Quetta“, sagen wir dem Dolmetscher, „sondern fahren weiter.“ So endet unser kurzer Aufenthalt hier. Zwei Polizisten werden im Auto mitgeschickt und eskortieren uns bis zur Stadtgrenze. Dann sind wir wieder alleine und können kurz stoppen, um ein paar Lebensmittel einkaufen.

Die Polizisten haben uns zuvor auf der Karte gezeigt, welchen Weg wir weiter fahren sollen. Es gibt zwei Möglichkeiten Die nördliche Route wird als Highway bezeichnet, doch die Polizisten warnen uns eindringlich vor diesem Stück. Wir sollen lieber die südliche Route nehmen. Auf der Karte ist dies eine kleinere Straße, die nicht sehr vertrauenserweckend aussieht. Ob wir nicht doch den Highway nehmen sollen? Wir versuchen, andere Leute zu fragen, was uns auf der südlichen Route erwartet. Die Verständigung ist schwierig und wir bekommen keine brauchbaren Informationen. Trotzdem muss eine Entscheidung her. Wir wagen dann doch nicht, den Rat der Polizisten zu ignorieren und nehmen die südliche Route in Angriff. Bisher ist die Straße noch ganz in Ordnung. Hoffentlich lässt uns hier die Polizei in Ruhe. Und hoffentlich ist die Straße weiterhin geteert.

Leider sollte sich beides nicht erfüllen. Nach nur 10 km endet der Teerstreifen abrupt und wir müssen den Bruti über eine steinige Piste quälen. Nach etwa zwei Stunden zermürbender Fahrt durchs Gebirge ist ein LEVIS Polizist auf uns aufmerksam geworden. Das ist hier die örtliche Polizei, die von den Einheimischen organisiert wird. Eine offizielle Behörde gibt es für so etwas nicht. Die Strukturen greifen nicht bis in diese dünn besiedelten Gegenden. Der Polizist weist uns darauf hin, dass wir uns in großer Gefahr befinden, bietet uns jedoch an, dass wir bei der Polizeistation im nächsten Dorf Ziarat sicher übernachten können.
Wir nehmen das Angebot gerne an und folgen ihm auf seinem Moped. Auf den Rücken hat er ein AK 47 Schnellfeuergewehr geschnallt. Wenig später erreichen wir das Bergdörfchen Ziarat. Wir werden in die Polizeihütte gebeten, die wie eine ganz normale Behausung aussieht. Am Boden liegen Sitzkissen, in einer Ecke steht ein kleiner Schrank, in der anderen ein Ofen., der den Raum ziemlich aufgeheizt hat. Es ist schummrig und etwas verraucht – aber gemütlich. Wir nehmen am Boden Platz und bekommen vom Bruder des Polizisten ein ausgiebiges Abendessen serviert.

Danach führt uns der Polizist noch eine Runde durch das Dorf. Ich finde einen Callshop und rufe meine Mutter an. Sie ist außer sich darüber, ausgerechnet aus Pakistan von mir zu hören! Die Verbindung ist gut aber teuer, so bleibt das Gespräch kurz. Der Polizist wird von den Leuten, die uns begegnen, begrüßt und genießt anscheinend recht hohes Ansehen. Später organisiert er sich von einem kleinen Jungen ein Stückchen Haschisch und geht mit uns aus dem Dorf heraus an eine abgelegene Stelle. „Hier kann uns keiner sehen, hier kann ich rauchen", erklärt er uns. Sein Englisch ist passabel und die Verständigung funktioniert ganz gut. Als wir zurückgehen ist es schon dunkel. Wir wandern durch die verlassenen

Straßen dieses kleinen Örtchens fernab von jeder Großstadt. Es wird ein langer Abend, an dem auch ein bißchen Whiskey fließt. Wir zeigen unseren Gastgebern Fotos der Reise auf dem Laptop. Sie sind beeindruckt und bekommen eine Idee von dem, was wir da eigentlich tun.
Die Stimmung ist schon recht ausgelassen, da geht Michael einen Moment raus weil er den Hund aus dem Auto lassen will. Ich bleibe mit dem Polizisten und seinem Bruder zurück, doch im nächsten Moment schickt der Gastgeber den Jüngeren aus dem Raum. Mich beschleicht das Gefühl, dass er die Gelegenheit schafft, um mit mir alleine zu sein. Als es soweit ist, wird er schnell zutraulich: „Wie begrüßt Ihr in Deutschland einen Freund? Mit einem Kuß, nicht wahr?“ spricht er und nähert sich ein wenig. – „Nein nein“, erwiedere ich, „in Deutschland geben wir uns immer nur die Hand.“ – „Aber ihr küsst Euch doch auf die Wange, das hab ich mal in einem Film gesehen. Kannst Du mir das mal zeigen?“ – „Nein, das stimmt nicht“, sage ich ausweichend. „Die Franzosen küssen sich aber wir in Deutschland geben uns immer nur die Hand. Schau, das kann ich Dir zeigen.“ Ich reiche ihm förmlich die Hand und schaffe damit wieder genug Distanz zwischen uns. Kurz darauf werde ich erlöst und Michael tritt wieder in den Raum. Ich bedeute ihm unauffällig dass es mir für diesen Abend reicht und wir merken langsam an, dass wir müde sind. Wir möchten ins Bett – in unser eigenes, draußen vor der Tür. Es beginnt dieselbe Diskussion, die wir bereits kennen: „Ihr könnt doch nicht in eurem Auto schlafen. Ihr schlaft in unserem Haus, wir haben Betten für Euch.“ – „Unser Hund ist im Auto. Und wir werden auch dort schlafen.“ Es dauert noch eine Weile, bis wir die Männer überzeugt haben, doch dann können wir in unsere kleine Koje klettern.

Am nächsten Tag bittet uns unser Gastgeber zum Frühstück zu seinem Onkel. Es gibt Kaffee, Eier, Toast, Butter und

Marmelade. Sein Haus ist etwas größer als das des Polizisten und es gibt sogar einen Fernseher. Die kleine Enkelin ist etwa neun Jahre alt und trägt schon einen Schleier auf dem Kopf. Sie eilt umher, serviert das Frühstück, räumt das Geschirr wieder ab und macht sich eifrig an den Abwasch. Sie blickt uns verstohlen aber neugierig an und lässt sich nach einer Weile sogar ein Lächeln entlocken. Dieses Mädchen hat wohl vergleichsweise noch Glück gehabt, da ihre Familie etwas mehr Geld hat. Ihr Bruder darf draußen mit den anderen Jungs spielen.
Später haben wir nochmal die Gelegenheit, mit unserem Gastgeber das Bergdorf Ziarat bei Tageslicht zu erkunden. Wir stoppen auf einen schnellen Tee am Straßenrand. Der Polizist bekommt von verschiedenen Leuten kommentarlos Geld zugesteckt. Hier regieren anscheinend noch andere Gesetze. Die Männer tragen fast alle Waffen, Frauen sehen wir keine. An einer größeren Kreuzung lungern ein paar Straßenhunde, die sich von den Essensabfällen der umliegenden Geschäfte ernähren. Die Leute schauen uns neugierig an und erkundigen sich bei unserem Begleiter nach uns. Es ist eine etwas eigentümliche Atmosphäre, aber wir fühlen uns nicht in Gefahr. Als wir uns langsam verabschieden, will uns der Polizist noch ein Gastgeschenk aus dem Kreuz leiern. Wir können der Gelegenheit nicht widerstehen und überlassen ihm unsere übrige Kassettensammlung. Sie ist von meinem Opa: Oberbayerische Alpenmusik.

Michael hupt noch einmal und bugsiert dann den Bruti durch das enge Dorf zurück auf die Hauptstraße. Die ist immer noch nicht geteert und genauso holprig wie gestern. Wir kommen nicht besonders schnell voran, da es schmal, kurvig, bergig und holprig ist. Michael fährt – ich trau mir das bei solchen Verhältnissen nicht zu. Ich habe die Landkarte auf dem Schoß, plane die Strecke und versuche abzuschätzen, wie lang wir brauchen, bis wir wieder auf den guten Highway stoßen. Ich versorge meinen Mann mit einem Imbiss und Getränken oder mache Fotos von der vorbeiziehenden Landschaft. Außerdem bin ich natürlich der ständige DJ und sorge für coole Musik im Bruti. Doch bei jeder zweiten Erschütterung hüpft das Handy, das wir als Player benutzen, aus seiner Halterung und die Musik stoppt. An Kochen während der Fahrt ist auch nicht zu denken. Gomolf hat sich schon längst im Fußraum verkrochen. Die Landschaft ist noch immer gezeichnet von steinigen Bergen und weiten Ebenen. Dann wird die Straße etwas besser. Es geht länger geradeaus, so dass ich hinten schon einmal das Abendessen vorbereite. Sollten wir den Abend heute alleine verbringen dürfen? Doch noch bevor wir uns nach einem Schlafplatz umsehen können, ist die nächste Polizeieskorte zur Stelle. Wir kennen das Spiel schon: Zu gefährlich hier, wir dürfen nicht alleine weiter fahren. Sie bringen uns zur Polizeistation im nächsten Dorf, es sieht aus wie eine Kaserne mit mehreren großen Gebäuden. Ringsherum ist eine hohe Mauer mit Stacheldraht, so dass man von außen unser Auto nicht sehen kann. Doch ein schöner Schlafplatz für uns und Gomolf sieht anders aus. Schon wieder unter Bewachung! Es ist noch nicht dunkel und wir erbeten uns die Erlaubnis, im Dorf ein paar Lebensmittel einzukaufen. „Ihr könnt gehen, aber vor Sonnenuntergang müsst ihr zurück sein!“ lautet die Antwort. Na toll, uns wird noch ein bisschen Ausgang gewährt. Wir sind ein bisschen angefressen und starten zu Fuß Richtung Markt. Wie üblich starren uns alle Leute an und wir fühlen uns mal wieder wie die Aliens. Plötzlich stoppt neben uns ein Geländewagen mit völlig verdunkelten Fenstern. Die Scheibe geht runter und ein Mann mit dunkler Haut und Brille fragt uns in perfektem Englisch, ob er uns helfen kann. Wir lehnen zunächst ab, doch die Insassen des Wagens lassen sich nicht davon abbringen. Sie versprechen, uns beim Einkaufen zu helfen. Da sie vertrauenswürdig aussehen, willigen wir

schließlich ein. Als sich die Wagentür öffnet, räumt der Mann auf dem Rücksitz zwei AK 47 Gewehre und einen Revolver in den Kofferraum, so dass wir beide hinten Platz finden. Wo sind wir denn hier gelandet? Drei Männer sitzen in dem schicken Geländewagen: Asfant, der Beifahrer, hat uns angesprochen. Der Fahrer heißt Mamoon. Er hat ein rundes Gesicht mit Schnurrbart und freundlichen Augen. Asfant erzählt uns, dass Mamoon der Führer der Partei ANP ist und seiner Familie die ganze Gegend hier gehört. Können wir das glauben? Den Mann, der neben uns auf der Rückbank sitzt, stellen sie uns als Bildungsminister der Region vor. Alle drei sind Cousins. Wir erzählen von unseren Problemen mit der Polizei und dass wir uns nicht frei bewegen können: „Die Sonne geht bald unter und wir müssen zurück." – „Kein Problem", antwortet Mamoon, „das ist meine Polizei. Meiner Familie gehört die ganze Gegend hier und jeder kennt mich. Ihr seid jetzt meine Gäste. Ich werde das später klären." Sollten wir wirklich so einflussreiche Leute getroffen haben? Jedenfalls sprechen Mamoon und Asfant sehr gut englisch. Das ist für uns die erste Gelegenheit, mit Pakistanern ein richtiges, fließendes Gespräch zu führen.
„Ich habe lange in den USA gelebt", erklärt Mamoon seine Sprachkenntnisse. „Und Asfant lebt die meiste Zeit in England. Er ist nur zu Besuch hier."– „Ja, das stimmt", bestätigt der. „Ich bin eben ein Teil dieser Familie. Deswegen bin ich immer wieder hier, das ist meine Heimat. Es ist meine Pflicht, immer wieder hierher zu kommen. Ich kann nicht ständig in England bleiben und mir dort ein schönes Leben machen."

Es erscheint uns, als fühle er sich in der westlichen Kultur wohler, das ist vielleicht auch einer der Gründe warum er uns angesprochen hat. „Wir wollen versuchen Alkohol zu kaufen, doch es ist sehr schwierig hier", erklärt Asfant. Wir fahren schon die ganze Zeit durch die belebten Marktstraßen. Mamoon hält immer wieder an und winkt die Leute heran. Man kennt

ihn, er muss nicht aus dem Auto steigen. Die Leute reichen alles, was er will herein und dann zu uns auf die Rückbank: Erfrischungsgetränke, Knabbereien und Wasser. Der Bildungsminister duckt sich jedes Mal, wenn Mamoon das Fenster öffnet und verbirgt das Gesicht in seiner Jacke. Er will anscheinend nicht erkannt werden.
Viele Stopps später wird Mamoon fündig. Er kauft ein paar Flaschen Whisky. Wie alles andere werden die Flaschen zu uns nach hinten gereicht. Wir studieren das Etikett: Hergestellt in Quetta. Nach einer weiteren halben Stunde geben sie die Suche nach Bier schließlich auf und begnügen sich mit dem Schnaps. Es verspricht, ein lustiger Abend zu werden.
Zuerst bringt uns Mamoon zurück zu unserem Bruti. Gomolf hat die ganze Zeit gewartet und begrüßt uns freudig. Mamoon diskutiert kurz mit den Polizisten und führt zwei Telefongespräche. Dann ist alles geklärt: Er hat die Verantwortung für uns übernommen und wir sind jetzt seine Gäste. Das ist doch ein Wort! Wir dürfen den haarigen Hund in das makellose Auto von Mamoon neben die Gewehre packen und fahren zu einem bewachten Hotel für Politiker. Unsere Gastgeber kennen das Personal. Wir verbringen die halbe Nacht in einem Hotelzimmer zusammen mit Mamoon, Asfant, dem Bildungsminister, drei Flaschen Whisky, Knabbereien und Zigaretten. Wir können uns endlich mal wieder ausgiebig in normalen Englisch unterhalten. Nur der Bildungsminister versteht uns kaum und raucht einen Haschisch-Joint nach dem anderen. Eine etwas skurrile, aber sehr lustige Runde.

Am nächsten Tag muss Gomolf lange quietschen, bis sich sein Herrchen endlich aus dem Bett quält. „Mann, Hund!“ schimpft Michael, während er mühsam die Seitentür aufzieht. „Ich mach' ja schon!“ Meine Männer gehen zum Blase entleeren nach draußen und ich drücke mich noch ein bisschen vor der Realität. Doch sie kommt unaufhaltsam wieder zurück in den

Bruti: „Hey, magst Du nicht mal aufstehen? Ich muss sonst immer ewig warten bis das Bett eingeschoben wird und hab kaum Platz." – „Ich hab Kopfweh", murmele ich in der Hoffnung, dass er schon mal Kaffee macht. – „Kein Wunder", kommt es zurück, „Whiskey aus einem Land, in dem Alkohol verboten ist, muss Kopfweh machen. Mir geht's auch nicht besser, komm, steh' mal auf und hilf mir bitte." Ich gebe schließlich auf und wage den Sprung aus dem Hochbett. Nach dem zweiten Kaffee sieht die Welt dann wieder besser aus. Wir stärken uns noch mit einem schnellen Rührei und machen uns dann reisefertig. Wir haben uns heute mit Mamoon zu einer Tour in die Wüste verabredet. Endlich dürfen wir aus dieser Kaserne raus!

Als wir das Dorf gerade hinter uns lassen, hören wir plötzlich einen lauten Knall. Ich kann das Geräusch nicht recht einordnen. Michael ist nervös. Erst später entdecken wir den faustgroßen Stein, den jemand gegen unser Auto geworfen hat. Er hat ein Loch in das Küchenfenster geschlagen. „Oh Mann, jetzt dachte ich echt, sie schießen auf uns", sagt Michael kopfschüttelnd und dreht den Stein in seiner Hand. – „Wer sollte denn auf uns schießen?" frage ich verunsichert. – „Na, was glaubst Du denn?" entgegnet er gereizt. „Wir sind hier direkt neben Afghanistan! Die Grenze gibt's nur auf dem Papier, das ist alles nur Wüste – unkontrollierbar. Hier ist Taliban-Rückzugsgebiet! Hier bilden die ihre Leute aus!" Unwillkürlich blicke ich aus dem Fenster und halte Ausschau nach Terroristen. Es sind keine zu sehen. Schlagzeilen über „Terror-Camps in Pakistan" drängen sich in meinen Kopf. Doch bisher sind wir so vielen freundlichen, hilfsbereiten Menschen begegnet. Unruhig nehme ich wieder auf dem Beifahrersitz Platz. 'Zum Glück sind wir bei Mamoon sicher', schießt es mir durch den Kopf.

Wir treffen ihn eine halbe Stunde später, er zeigt uns den Weg zu seinem Anwesen. Es ist riesig. Ein großes Haus umgeben von weitläufigen Freiflächen und einem Schwimmbecken. Wir werden mit Tee und Keksen empfangen. Ein Junge bringt Wasser und auch für alles andere gibt es Bedienstete. Der Garten ist riesig und sehr gepflegt, nur momentan noch etwas grau. „Im Frühling ist es wunderschön hier“, schwärmt unser Gastgeber, „die Gärtner sind dann ständig beschäftigt um die Pflanzen zu bewässern. Freiwillig wächst hier nichts.“ Auch das Haus ist sehr großzügig gestaltet. In einem riesigen Wohnzimmer mit zahlreichen Jagdtrophäen hängen viele gerahmte Fotos und Abbildungen von seinen Vorfahren, die hier schon seit langer Zeit die Gegend regieren. Wir laufen barfuß auf dicken Teppichen unter riesigen Geweihen. Mamoon deutet auf ein Bild an der Wand: „Das sind meine Vorfahren zusammen mit den britischen Kolonialbeamten“, erklärt er. Dann zeigt er mir noch die hinteren Räume: Hier leben die Frauen, da ist auch die Küche. Michael darf nicht mit. Er stellt mir ein paar der Frauen vor, sie beäugen mich kichernd und neugierig. Erst jetzt fällt mir auf, dass das die ersten Frauen sind, die ich hier in Pakistan zu Gesicht bekomme.

Bevor wir starten, zeigen wir Mamoon unser Loch im Fenster und erzählen ihm, wie es dazu kam. „Manche Leute hier sind sehr dumm“, antwortet er wenig beeindruckt, „aber ihr könnt es mit Klebeband zumachen.“

Dann steigen wir in seinen Jeep zur Wüstentour. Unser Gastgeber fährt mit uns dahin, wo es keine Straßen mehr gibt. Wir stoppen mitten im absoluten Nirgendwo und essen vorbereitete Lunch-Pakete. Es gibt Schaf, Reis und Pommes – mehr als reichlich. Ein Hirte mit einem kleinen Jungen und einem Dutzend Kamele ziehen vorbei. Mamoon begrüßt ihn, sie kennen sich. „Mir gehört das hier alles“, erklärt er uns und streicht verschmitzt seinen Schnurrbart. „Bis zur afghanischen

Grenze. Ihr könnt hier tun was immer ihr wollt. Nimm doch Dein Kopftuch ab wenn es Dir nicht gefällt“, sagt er zu mir. Um nicht unangenehm aufzufallen, habe ich es bisher auch in diesem Land getragen. „Klar!“ antworte ich überrascht und freue mich über die neue Freiheit.
In der Ferne sehen wir eine Kamelherde. „Sind die gefährlich?“ frage ich neugierig. – „Keine Ahnung“, lacht Mamoon, „probier' es doch aus!“ Ich nähere mich den Kamelen auf etwa drei Meter, doch die Sache ist mir nicht ganz geheuer. Keine Ahnung. wie sie reagieren würden, wenn ich noch näher hin gehe... Ich schieße noch ein Foto und kehre doch lieber um – ohne eins anzufassen.

Die Männer warten schon auf mich, wir steigen wieder ins Auto. Mamoon gibt Gas und jagt den Jeep quer durch die Wüste. Er rast über den unebenen Boden, fährt kleine Hügel hoch und weicht größerem Gestrüpp in letzter Sekunde aus. Es macht ihm sichtlich Spaß.
Etwas später kommen wir wieder an unserem Rastplatz vorbei, wo wir die Reste unseres Mahls zurückgelassen haben. Der Hirte und der Junge sind da und essen das, was übrig geblieben ist. Wenn ich das gewusst hätte, hätte ich weniger davon gegessen. Ich hatte sowieso nicht so viel Hunger. Wenig später sind die beiden schon nicht mehr zu sehen.
Mamoon hält ständig Ausschau nach den Vögeln, die immer wieder in Grüppchen zu sehen sind. „Die schmecken lecker“, versichert er. „Ich schieß' uns ein paar von denen.“ Wenig später erspäht er seine Beute. Wir stoppen, er schleicht sich an, schießt zweimal – und zwei Vögel fallen herunter. „Nicht schlecht“, muss ich zugeben. „Er schießt ja mit Schrot“, raunt Michael mir zu. „Da würdest sogar Du treffen.“ Mamoon bietet mir auch an zu schießen, aber ich überlasse das doch lieber ihm. Zur Sicherheit von allen Beteiligten.
Den Vögeln schneidet er die Kehle durch und packt sie ins

Auto, zu mir in den Fußraum der Rückbank. Sie sind grau und sehen ähnlich aus wie kleine Tauben.

Später besuchen wir ein kleines Dorf am Fuße eines Hügels. Es sind nur ein paar Lehmhütten. Auch hier kennen die Leute Mamoon. „Jeder hier bittet mich, länger zu bleiben. Sie laden mich zum Essen ein. Aber ich muss immer abwinken", erklärt er uns.
Ein junger Mann mit großen Augen und Segelohren bittet uns in seine Hütte. Es gibt nur ein paar Polster und einen kleinen Ofen in dem Raum. Ein Junge schielt neugierig und schüchtern ums Eck, um einen Blick auf uns zu erhaschen.
„Die nächste Schule hier ist fast zwanzig Kilometer entfernt", erzählt Mamoon. „Das sind die Probleme in diesem Land. Es gibt keine Straße zu diesem Dorf. Die Kinder gehen fast gar nicht zur Schule." – „Wovon leben die Menschen hier?" wollen wir wissen. – „Sie sind Hirten oder Händler. Manche machen verschiedene Handarbeiten. Aber viel Geld haben die Leute nicht. Sie sind sehr arm." Das ist offensichtlich und uns wundert, dass die Menschen überhaupt in dieser kargen Gegend überleben können. Als wir das Haus verlassen, kommt uns ein kleines Mädchen nachgerannt und drückt uns zwei kleine handgemachte Borten mit den Farben des Stammes in die Hand. Ich bin gerührt.

Wenig später sitzen wir wieder in Mamoons Jeep und werden weiter durchgeschüttelt.Der Boden wird immer sandiger, dann stoppen wir auf einer großen Düne. „Hier ist doch ein schöner Platz zum Campieren!" verkündet Mamoon. Ohne unsere Antwort abzuwarten zückt er sein Handy und telefoniert kurz. Währenddessen erkundet Gomolf die Umgebung und rennt freudig im Wüstensand herum. Hier gibt es keine Zäune, die ihn bremsen könnten. Die Weite scheint unendlich. Es ist karg aber wunderschön. Es gibt keine Straße. In der Ferne geht die

Sonne unter und eine Kamelherde zieht vorbei. Die Luft wird langsam kühler, doch der Sand fühlt sich noch warm unter meinen Füßen an. Am klaren Himmel steht der Mond, mit dem schwindenden Licht werden seine Konturen immer deutlicher.

Mamoon hat sein eigenes Programm zum Zeitvertreib: „Wollt Ihr mal schießen?“ Michael war früher Soldat und kann nicht widerstehen. Er darf mit der 9mm Pistole und der AK 47 in die Ferne auf Steine ballern. Ich und Gomolf sehen uns das lieber von weiter Entfernung an. Dann bekomme ich von Mamoon eine Demonstration echten Jägerhandwerks. Er zerlegt die Vögel, die er vorher geschossen hat. Mit nur wenigen geübten Griffen entfernt er Haut, Kopf, Füße, den Schwanz und alle Federn. Dann stülpt er das was übrig ist um und löst die Innereien heraus. Mit einer Mischung aus Neugier und leichtem Ekel beobachte ich alles ganz genau. Was am Ende übrig bleibt ist tatsächlich nur Muskelfleisch mit Knochen. Sehr faszinierend. „Es sieht eigentlich total einfach aus“, sage ich vorsichtig. – „Ich habe Jahre gebraucht um das so zu lernen“, lacht Mamoon. „Später machen wir ein Feuer und grillen die Vögel. Das musst Du probieren!“ – „Da bin ich gespannt“, antworte ich.

Wir haben keine halbe Stunde gewartet, da kommt ein Jeep von weit her angerollt. Er parkt direkt neben Mamoon und vier seiner Freunde steigen fröhlich aus dem Wagen. Sie bringen Decken, Teller, Töpfe und Besteck. „Wir brauchen Feuerholz!“, verkünden sie lauthals. Wir schwärmen in alle Richtungen aus und rupfen dürre Äste und Büschel aus dem vertrockneten Boden. Die Männer haben jede Menge leckeres Essen mitgebracht. In einem Topf sind mehrere gekochte Hühner, es gibt Brot, Gemüse und Reis. Das Feuer ist schnell entzündet und das Essen schmeckt gut. Ich probiere die kleinen Vögel, die Mamoon fachgerecht an einem Spieß gebraten hat. Sie

schmecken ein bisschen wie Hühnchen – durchaus lecker.
Das letzte Tageslicht ist verschwunden. Der Vollmond und die Sterne scheinen auf uns herab, während die Umgebung fast nicht mehr zu erkennen ist. Trotzdem ist die unglaubliche Weite allgegenwärtig. Die Nacht ist klar und es ist kalt geworden. Wir wickeln uns in die Decken, die die Männer mitgebracht haben. Sie sind bestens gelaunt und fordern uns nach dem Essen zum Tanzen auf. Es wird wohl noch eine Weile dauern, bis wir heute ins Bett kommen. Doch eins ist sicher: Diesen Tag werden wir niemals vergessen.

Am nächsten Morgen werden wir von Asfant, der uns am ersten Abend angesprochen hatte, recht früh aus den Federn geordert. Er nestelt hastig an seiner Brille herum und katapultiert uns in die Wirklichkeit: „Macht Euch fertig und kommt zu meinem Haus. Ihr müsst aufstehen, ihr seid unsere Gäste. Es ist ein wichtiges Treffen heute und wir sind die Gastgeber. Ihr dürft dabei sein. Will noch jemand einen Tee?“ Wir sind noch vom Schlaf leicht umnebelt und grummeln uns angesichts des zweiten ungemütlichen Morgens in Folge schlechtgelaunt an. Es gibt noch einen schnellen Tee, wie immer pappsüß und mit viel Milch, dann sind wir auch schon inmitten des Geschehens: Wir fahren zum anderen Anwesen der Familie. Es ist ungefähr vier mal so groß wie das von Mamoon. Es wird streng bewacht und ist von hohen Mauern umgeben. Wir dürfen unseren Bruti in einer Seiteneinfahrt parken und werden dann von Asfant eilig in den Garten gebracht. Auf dem vertrockneten englischen Rasen sind auf einem Teppich etwa 50 Stühle in einem Viereck aufgestellt. Es ist erst eine handvoll Menschen hier. Wir sollen an einer Ecke Platz nehmen und werden ein paar Leuten vorgestellt. Asfant hält uns auf dem Laufenden: „Hier findet gleich eine wichtige Versammlung von allen Stammesführern statt. Es werden Probleme besprochen und später kommt der Gouverneur der ganzen Gegend. Er hat sehr viel Einfluss und es ist eine große Ehre, dass er kommt." Ich blicke mich angesichts der ungewohnten Situation unsicher um. Alle Landlords der Gegend... und mittendrin wir – zwei staubige Touristen. Ich bin die einzige Frau hier. Ich schieße ein paar Fotos von den Leuten, die langsam eintreffen. Sie nehmen auf den Stühlen Platz. Asfant stellt mich meinem Sitznachbarn vor, ein Mann mit Turban. „Mit welcher Erlaubnis fahrt Ihr hier durch mein Land?", will der von mir wissen. „Wir sind nur auf der Durchreise", antworte ich schnell, „wir wollen nach Indien." Michael hat das Gespräch mit angehört und mischt sich mit einem wütenden Seitenblick auf mich ein: „Natürlich möchten wir auch mehr über Eure Kultur und Eurer Land erfahren. Hier sind wir Gäste von Mamoon." Der Mann wendet sich desinteressiert ab und Michael raunt mir auf deutsch zu: „Das kannst Du doch nicht so sagen! Natürlich sind wir nur hier weil wir unbedingt das Land sehen wollten. Und nicht nur auf der Durchreise!"

Die Versammlung scheint komplett, jedenfalls sind alle Stühle besetzt und dahinter stehen noch einige Reihen Menschen. Nach einer Weile geht ein Ruck durch die Menge und ein Geländewagen hält in der Einfahrt. Ein grauer, beleibter Mann und seine Leibwächter steigen aus. Das muss der Gouverneur sein. Er wird von den heran eilenden Gastgebern ausführlich begrüßt und zu seinem Platz dirigiert. Er sitzt in der Mitte der Stirnseite, so dass ihn alle sehen können. Für ihn und für uns sind Sonnenschirme aufgestellt, in den hinteren Reihen nicht.
Die eigentliche Konferenz in Anwesenheit des Gouverneurs dauert keine Viertelstunde. Zunächst hält ein älterer Herr eine längere, emotionale Rede, von der wir leider kein Wort verstehen. Dann gibt es noch ein paar andere kurze Wortmeldungen und bald löst sich alles wieder auf. Der Gouverneur hat die ganze Zeit nur zugehört und wird nun schnell ins Haus gebeten. Er hat anscheinend nicht viel Zeit.

Wenig später fließen die anderen Gäste auch langsam ins Haus. Dort ist in mehreren Räumen ein opulentes Mahl vorbereitet. Es gibt Fleisch, Reis, Gemüse, Brot, Obst, Desserts, Backwaren,... und noch viele weitere Dinge, die wir kaum identifizieren können. Alles ist auf einem großen Tuch auf dem Boden angerichtet, die Besucher tummeln sich um das leckere Buffet. Einige nehmen am Boden Platz, andere bleiben kurz stehen. Die Menge an Essen ist mehr als ausreichend! Selbst doppelt so viele Gäste würden davon satt werden. Das Ganze heute scheint uns reichlich prestigeträchtig. Unsere Gastgeber tischen dieses riesige Mahl auf, der Gouverneur sieht sich alles kurz an und macht sich nach 10 Minuten schon wieder auf den Rückweg. Wenn das konstruktive Regierungsgespräche sind, dann wundert uns in diesem Land nichts mehr. Immer noch etwas überrumpelt halten wir uns bei der großen Speisung an Asfant und setzen uns schließlich im zweiten Raum auf den Boden. Wir haben ein paar Leckereien ergattert: Köstlich.

Die Menschen verlassen die Versammlung genauso langsam, wie sie eingetrudelt sind. Asfant stellt uns denen vor, die das ganze Essen vorbereitet haben und nun langsam wieder in die Küche bringen: Frauen. Sie sind sehr erfreut und eine spricht sogar etwas englisch. Sie zeigen mir die Küche im hinteren Bereich des Hauses. Hier sieht es aus wie kurz nach dem Hochbetrieb. Ein paar Frauen und Mädchen machen sich am Abwasch von riesigen Pfannen und Töpfen zu schaffen, während andere die Reste des Mahls hereinbringen. „Eine schöne große Küche“, sage ich anerkennend. „Immer viel Arbeit oder?“ – „Ja, immer viel Arbeit. Kochst Du zu Hause in Deutschland auch?“ – „Ja“, antworte ich, „ich koche zu Hause auch. Ich habe auch eine Küche in unserem Auto draußen. Aber nur eine ganz kleine.“ Sie sieht mich erstaunt an und bringt mich dann wieder zurück. Hier hinter dem Haus spielt sich ein anderes Leben ab als vorne bei den Männern. Am Boden liegen noch die Federn von den Hühnern, die vorhin aufgetischt wurden. Die Frauen sind in bunte Tücher eingehüllt und eilen geschäftig umher. Sie agieren im Hintergrund und erfahren später von ihren Männern, was vorne besprochen wurde. Viel zu sagen haben sie wohl nicht.

Als wir wieder beim Bruti sind und unseren tapferen Hund befreien, würden wir am Liebsten die Eindrücke des Vormittags in Ruhe verarbeiten. Doch dazu kommt es natürlich nicht. Nach knapp einer halben Stunde taucht Asfant in Begleitung eines anderen Mannes auf. Er stellt ihn uns als einen Cousin vor. Mit diesem Mann führen wir ein Gespräch, das uns beiden ziemlich die Schuhe auszieht. Er ist gebildet und spricht gutes Englisch. Er erzählt uns, dass er für soziale Projekte arbeitet, die vom Ausland finanziert werden. Gerade arbeitet er an einer Initiative gegen Kinderpornographie, da das hierzulande ein riesiges Problem ist. „Achtzig Prozent aller Pakistaner sind in den gewerblichen Kindesmissbrauch verwickelt. Achtzig Prozent. Das bedeutet: Fast alle. Und das Einzige, das wir tun können, ist, die Familien zu unterstützen. Wenn eine Familie genug Geld hat, muss sie nicht ihre Kinder zur Prostitution schicken. Wenn eine Familie genug Bildung hat, weiß sie, dass es andere Möglichkeiten gibt. Wir können gegen die Leute, die ihr Geld damit verdienen nichts machen. Die sind zu gut organisiert. Da gibt es Klubs und Bars, das ist wirklich abstossend." Er sieht mich entschuldigend an. „Es tut mir leid Madam, dort passieren scheußliche Dinge. Es tut mir leid, dass ich davon erzähle. Die Kinder müssen dort tanzen. Ich bin dort gewesen, aber ich habe natürlich nichts gemacht, ich sollte unerkannt hingehen. Ich kann aber dort nicht lange sein, denn die anderen fragen mich, warum ich denn nichts machen will mit den Kindern. Es war sehr gefährlich für mich. Wir können nichts gegen diese Leute machen, das sind einfach zu viele." Das leuchtet ein und zeigt uns gleichzeitig, was in diesem Land im Untergrund alles schwelen mag. 'Es ist nicht überraschend, dass Menschen, die ihre Sexualität nicht frei ausleben dürfen, weil sie die Frauen unterdrücken, andere Kanäle für ihre Triebe suchen', denke ich wütend. Wir diskutieren noch ein bisschen über die Rolle von Mann und Frau in Pakistan und der westlichen Welt. Unser Gesprächspartner hat eine lückenlose Argumentation: „Bei Euch in Europa müssen beide Eltern arbeiten. Daher haben die Kinder keine Orientierung und es gibt Probleme mit Drogen oder Gewalt. Das liegt daran, dass auch die Frau arbeiten muss und die Kinder nicht ordentlich aufziehen kann. Wir hier in Pakistan wissen, dass es der Job der Frau ist, das Haus zu hüten und die Kinder zu erziehen. Das ist von Allah so vorgesehen, das ist ihre große Aufgabe. Der Mann macht die übrige Arbeit und die Frau darf nicht damit belastet werden. Sie muss nicht einkaufen gehen – sie soll zu Hause bleiben. Sie muss nicht arbeiten gehen. Das ist das Privileg der Frauen. Nur wenn in einer Familie große Not herrscht und der Mann nicht mehr genug Geld für alle verdienen kann, dann geht auch die Frau arbeiten. Aber ansonsten darf sie zu Hause bleiben." Ich versuche ihm zu erklären, dass viele Frauen in Europa arbeiten möchten, um unabhängig von Männern zu sein. Unser Gesprächspartner hält das aber wohl für abnormal und die Ursache vielen Übels. „So ist es von Allah nicht gewollt", ist seine Antwort. Schließlich schreibt er uns seine Kontaktdaten auf und verabschiedet sich.

„Ist schon unglaublich, in was für einem privilegiertem Land wir leben", sagt Michael nachdenklich. „Bei uns kann man schon so einigermaßen tun und lassen was man will, ohne in die Schablone passen zu müssen, die Allah angeblich für uns vorgesehen hat. Da lob' ich mir echt unseren Herrgott, zehn Gebote und ansonsten... ja ok, zahl halt Deine Steuern und halte Dich an die Vorschriften. Aber dann kannst Du echt viel machen bei uns, auch mal über den Tellerrand schauen." – „Ja, zum Beispiel das Geld für so eine Reise verdienen", antworte ich. - „Du hast Recht mein Schnuck, wir können echt froh sein über unseren weinroten Pass. Auch wenn ich zu Hause immer schimpfe über den Staat." – „Und ohne zu Hause könnten wir niemals hier sein", antworte ich und gebe ihm einen Kuss.

Den Rest des Tages werden wir von verschiedenen Leuten, die Asfant organisiert, herumgefahren. Wir sehen den Markt. Michael lässt sich sein Fell vom Barber aus dem Gesicht rasieren. Richtiges altes Handwerk betreiben die Jungs hier, mit Rasierpinsel und messerscharfen Klingen. Michael kriegt nicht einen Schnitt ab und ist zufrieden. Später erzählt uns unser Fahrer von seiner Farm und ob er uns nicht etwas schenken darf. Wir verstehen nur die Hälfte und halten uns an die Devise: Lächeln und Nicken. Wir fahren irgendwo hin, der Beifahrer steigt aus und kommt nach zehn Minuten mit einer Tüte zurück. Sie reichen die Tüte zu uns nach hinten: Das ist für Euch. Michael untersucht den Inhalt: Es ist ein riesiger Brocken Roh-Haschisch, so groß wie zwei Fäuste. Dazu noch etwas Opium. Wir sind einigermaßen überrascht, das ist bestimmt ein Kilo. Michael will ablehnen. Doch der Fahrer besteht darauf und setzt uns wenig später mit der Tüte wieder beim Bruti ab. Wir beraten uns und sind sehr beunruhigt. „Wollen die irgendwas von uns?" frage ich Michael. – „Das glaube ich nicht. Was soll er schon wollen?" – „Vielleicht ist das ein Lockangebot und wir sollen was für ihn schmuggeln", sage ich. – „Und wenn schon. Morgen fahren wir sowieso weiter. Und das Zeug behalten wir auch nicht, das ist mir zu gefährlich", entscheidet Michael. – „Echt, Du willst es wegwerfen?" frage ich ungläubig. „Das ist doch bestimmt ein Vermögen wert...". Michael sieht mich eindringlich an: „Fang gar nicht erst an zu rechnen! Es ist vielleicht verlockend, aber vergiss es so schnell wie es Dir eingefallen ist." – „Wahrscheinlich hast Du recht", lenke ich ein.

Michael deponiert die verhängnisvolle Tüte bei einem Baum außerhalb vom Bruti, nur um sicherzugehen.

Später kommt Asfant und plant unseren weiteren Abend. „Also, was werden wir jetzt tun...“, beginnt er und rückt seine Brille zurecht, „... wir gehen in ein Kasino. Aber es ist dort anders als bei Euch in Europa. Es ist ein inoffizielles Kasino. Aber erst... gibt es eine Überraschung!“ – „Ok... warum nicht?“ antwortet Michael und wir schließen den Bruti ab. Gespannt, was uns erwartet, begleiten wir Asfant. Er hat ein Geschenk für uns: Zwei pakistanische Gewänder, *Salwar Kameez* genannt. Wir sollen sie gleich anziehen. Sie sind weiß und bestehen aus zwei Teilen: Ein weites, knielanges Hemd und eine riesige Hose. Der Bund dieser Hose ist so groß dass ich ungelogen sechs mal reinpassen würde. Sie wird mit einer langen Kordel geschlossen. So entsteht ein luftiges Gewand mit sehr viel Bewegungsfreiheit. Unschlagbar bequem! Jeder hier trägt diese Art Bekleidung, trotzdem fühlen wir uns ein bisschen seltsam damit. So eingekleidet gehen wir mit Asfant zum Kasino. Es ist ein einfacher, schmuckloser Bunker, in dem sich Männer treffen, trinken, rauchen und Kartenspielen. Hier stellt uns ein Mann die Frage, die auf jeden Fall unter die Top 10 der besten Fragen kommen wird, die uns auf und nach der Reise gestellt wurden: „Warum gibt es so wenig Touristen hier in Pakistan? Wie können wir das fördern?“ 'Na ja, wo soll man da anfangen...', denken wir beide und sehen uns ratlos an. Michael ergreift das Wort: „Überall auf der Welt sagen sie, in Pakistan sei es gefährlich. Das wird wohl ein Grund dafür sein.“ Da können die Männer nur zustimmen und bitten uns noch, zu Hause zu verbreiten, dass hier nicht alle Terroristen sind. Das machen wir natürlich – nicht zuletzt durch dieses Buch. Darauf trinken wir noch Einen – und auf unseren letzten Abend hier.

Ein lautes 'Klopf klopf', weckt uns am nächsten Morgen.

Wieder nichts mit Ausschlafen! „Wird echt Zeit, dass wir hier wegkommen“, grunzt Michael während er sich aus dem Bett schält. Ein Cousin von Asfant ist hier und besucht uns mit seinen Kindern, ein Junge und ein Mädchen mit etwa 10 und 12 Jahren. Die beiden können es gar nicht erwarten, unseren Bruti von Innen zu sehen. „Kommt in einer halben Stunde wieder, meine Frau schläft noch“, werden sie vertröstet. Michael schließt die Tür und gibt mir einen Kuß: „Morgen Schnucki, aufstehen, die Terrorkinder kommen gleich wieder.“ – „Hmpf“, gebe ich zurück und steige missmutig aus meinem weichen Nest. Keine zehn Minuten später klopft es wieder, der Kaffee ist gerade mal fertig. Wir geben auf und lassen den Besuch rein. Die Kinder sind begeistert und wir auch, als sie wieder weg sind.

„Das ist schon anstrengend auf die Dauer“, sage ich zu Michael, als wir uns wieder reisefertig machen. – „Allerdings“, stimmt er mir zu, „wenn Du hier eingeladen wirst ist das wie ein fulltime-Job.“ – „Genau, mit Programm rund um die Uhr. Es ist ja nett gemeint, aber manchmal ein bisschen zu viel des Guten.“ – „Und auch so unvorhersehbar! Wir werden zu irgendwem in ein Auto gesetzt, der Fahrer spricht kaum ein Wort Englisch und fährt dann mit Dir irgendwohin. Vielleicht bekommst Du was zu essen, vielleicht auch nicht. Du hast keine Ahnung was geplant ist oder wie lange es dauert.“ – „Aber sie bringen uns immer irgendwann zu unserem Bus zurück“, lache ich, „und deswegen schauen wir, dass wir weiterkommen, bevor sie uns doch noch entführen.“

Wir verabschieden uns von allen und Michael schießt noch schnell ein Foto von dem Kilo Haschisch, bevor wir losfahren. Alles ist fest verstaut und wackelsicher – über das bevorstehende Stück Straße haben wir nichts Gutes gehört. Noch rollen wir auf gutem Asphalt, das ist glatt ein Foto wert.

Doch – wo ist die Kamera? „Scheiße, die hab' ich liegenlassen als ich das letzte Foto gemacht hab“, sagt Michael. – „Oh Nein“, antworte ich, „die ist bestimmt weg. Unsere ganzen Fotos...“ – „Ja, und keine Kamera mehr! Wir drehen nochmal um, vielleicht liegt sie noch da.“

So kehren wir wieder an unseren Schlafplatz zurück, doch die Hoffnung ist klein. Wir suchen alles ab, den Platz an dem wir standen und das erste Stück Straße: Nichts. „Ach komm, die ist bestimmt weg! Die hat irgendwer gefunden und mitgenommen!“ schimpft Michael. – „Lass uns wenigstens noch warten, bis irgendeiner von unseren Gastgebern kommt. Dann fragen wir die, ob sie was wissen“, antworte ich. Es kommt zwar keiner vorbei den wir kennen, doch wir treffen einen Mann, der sich als Englischlehrer vorstellt. Super, genau das was wir brauchen: Der versteht uns. Er schickt ein paar Jungs los, die angeblich etwas gesehen haben, und hilft uns dann weiter suchen. Schon bald wünschen wir ihn uns zum Mond. „Ihr müsst auf Eure Kamera besser aufpassen“, rät er uns in seinem Oxford Englisch. Das ist kein guter Zeitpunkt um uns das zu sagen. Trotzdem ringe ich mir ein zustimmendes Nicken ab. Unsere Suche bleibt ergebnislos und von den Jungs lässt sich auch keiner blicken, da wollen wir schon aufgeben. „Ok, ich rauche noch eine Zigarette und wenn sie bis dahin nicht kommen, dann fahren wir“, schlage ich vor. Ich rauche fast nie, aber vielleicht hilfts ja. „Rauchen ist ungesund“, betont der Englischlehrer, doch das ist mir gerade egal. Und tatsächlich: Nach fünf Zügen kommen die Jungs jubelnd angelaufen und strecken uns die Kamera entgegen. Wow! Und das in einem Land, in dem angeblich überall Banditen sind! „Passt in Zukunft besser auf die Kamera auf!“, ruft uns der Englischlehrer noch nach, als wir schon im Auto sitzen.

Unser Ziel für heute ist die Stadt Dera Ghazi Khan, Asfant hat uns hier zu einer Hochzeit eingeladen. Doch zunächst plagt uns noch eine andere Bürde. Als Michael in weiter Entfernung einen Schäfer auf der Straße sieht, fängt er an, laut zu hupen. „Was machst Du?“ frage ich verwundert. – „Ich unterstütze die Landbevölkerung“, ist seine rätselhafte Antwort und er grinst mich an. Der Schäfer hat sich mittlerweile zu uns umgedreht. Michael nimmt die Tüte mit dem Haschisch und hält sie weit aus dem Fenster. Dann lässt er sie auf die Straße fallen und hupt noch ein paarmal ganz laut. Der Schäfer ändert seine Richtung: Er hat es gesehen. Michael ist zufrieden. „Der wird sich wundern“, lacht er, „was glaubst Du was das für ihn wert ist! Ich glaube wir haben gerade jemanden reich gemacht.“

Der Asphalt auf der Straße endet etwa fünf Kilometer später. Was dann folgt, ist nicht mehr als Straße zu bezeichnen. Wir fahren auf einem mehr oder weniger plattgefahrenen Streifen durch die Wüste. Es gibt überhaupt keinen Straßenbelag. Der Streifen schlängelt sich in schmalen Serpentinen Berge hoch und wieder herunter. Ich fahre hier keinen Meter, Michael meistert diese Piste alleine. Das Geschüttel teilen wir uns. Die Schranktüren vom Bruti springen auf und der Inhalt ergießt sich auf den Boden. Ich schiebe alles nur provisorisch unter den Tisch: Das räumen wir weg, wenn wir angekommen sind. Wir haben keine Ahnung, wann das sein soll. Als wir sieben Stunden gefahren sind – Asfant sagte, dass es solange dauern würde – ist weit und breit immer noch keine menschliche Ansiedlung zu sehen. „Klar, die brettern hier mit ihren Jeeps durch“, knurrt Michael, „die schaffen es natürlich in sieben Stunden.“ – „Unser Bruti ist nicht gemacht für sowas“, stöhne ich nach dem nächsten Schlag, der durch die Blattfedern ziemlich direkt auf unsere Rücken geht. Ich kann angesichts der riesigen, spitzen Steine unter uns nur staunen, wie die Reifen das aushalten können. Auch der Hund ist schon völlig durch den Wind und verkriecht sich mal wieder im Fußraum vom

Beifahrersitz: Sein Lieblingsplatz, wenn es schaukelig wird. Eigentlich ist er schon ein bißchen groß für den Platz und wir rätseln, wo er wohl auf der Rückfahrt hingeht, wenn er dann noch ein Stück gewachsen ist.
Wir fluchen auf die Polizisten, die uns vom Highway abgeraten und auf diese Piste geschickt haben. Nach neun Stunden Fahrt wird es langsam dunkel, wir sind immer noch mitten in der Wüste und ziemlich am Ende. Wir halten langsam nach einem Schlafplatz Ausschau, da wir es wohl nicht mehr in die Stadt schaffen werden. Doch die Strecke ist bergig und schmal und bietet keine Möglichkeiten für ein geschütztes Plätzchen. Michael stoppt versuchsweise an einer ausladenden Kurve, hier könnten wir stehenbleiben ohne den Verkehr zu stören. Doch nach dem ersten LKW, der laut hupend an uns vorbeibrettert, lässt er kommentarlos den Motor wieder an: Hier bekommen wir kein Auge zu. Nach zehn Stunden Fahrt können wir endlich die Lichter von Dera Ghazi Khan ausmachen. Wir sind endlich am Ziel – oder? Kurz nachdem die Asphaltstraße wieder anfängt, sehen wir eine Polizeikontrolle. Wir müssen unsere Pässe zeigen und uns rechtfertigen, was wir hier wollen. Wir geben an, dass wir von einem Freund eingeladen wurden. Der Beamte erklärt uns, dass wir nicht in die Stadt fahren dürfen – zu gefährlich. Oh nein, nicht schon wieder. „Wir sind sehr müde und würden gerne in unserem Auto schlafen, können wir vielleicht hier bleiben?" fragen wir in der Hoffnung, die Debatte auf Morgen verschieben zu können. – „Nein, ihr müsst weiterfahren. Die Eskorte bringt Euch weiter, dann könnt ihr schlafen." Wir fallen aus allen Wolken. „Wir sollen weiterfahren? Wir sitzen seit zehn Stunden im Auto, die Straße ist sehr schlecht, es ist anstrengend und wir können nicht mehr!" – „Nein, Ihr müsst weiterfahren. Es geht nicht anders. Es ist zu gefährlich. Ihr seid so gebildet, ihr müsst die Probleme von diesem Land verstehen." Wir sehen uns ratlos an. „Schöne Musik hört ihr da", sagt der Polizist noch, lächelt dabei und

nimmt uns jede Lust, noch einen Moment hier zu bleiben. – „Ok, wir fahren weiter. Wie lange müssen wir fahren?“ – „Nur ein bisschen, vielleicht fünf Kilometer.“ Ein Polizeiauto begleitet uns und wir fahren etwa zehn Kilometer. Danach wird die Eskorte von einem anderen Fahrzeug im fliegenden Wechsel getauscht und es geht einfach weiter. Die wollen uns wohl auf den Arm nehmen. Wir halten an und debattieren mit unseren Bewachern. Sie sprechen kein Wort Englisch und bedeuten uns nur, dass wir weiterfahren sollen. Nur noch fünf Kilometer. Doch das Spielchen wiederholt sich nur und ein neues Auto begleitet uns. Jetzt reichts wirklich. „Halt mal an, ich rede mal mit denen“, sage ich zu Michael. „Englisch oder nicht, die Gesten für Essen und Schlafen versteht jeder.“ – „Ja genau“, antwortet er, „vielleicht hilfts ja, wenn mal eine Frau mit denen redet, das sind die nicht so gewohnt.“ Ich gehe zu dem wartenden Polizeiauto: „Wir wollen schlafen, wie lange müssen wir noch weiter?“ Sie verstehen kein Wort. Ich bedeute Ihnen mit Händen und Füßen dass wir seit vierzehn Stunden im Auto sitzen, dass wir essen und schlafen möchten und nicht mehr fahren können. Als er mich mit den üblichen fünf Kilometern abspeisen will, falle ich in verzweifeltes Flehen: „Alle sagen fünf Kilometer. Andere Polizisten, wieder fünf Kilometer. Wir sind müde! Mein Mann kann nicht mehr fahren. Aus, vorbei, finish, stop, nicht mehr fahren! Nicht fünf Kilometer!“ Der Mann erklärt mir, nach fünf Kilometern sei wirklich Schluss und dann könnten wir schlafen. Mit dieser wenig erbaulichen Aussage kehre ich zu meinem tapferen Fahrer zurück. „Ich weiß nicht ob ich ihn besonders beeindruckt habe aber er sagt, wir können dann wirklich schlafen.“ – „Okay“, antwortet Michael, „und wenn nicht, dann park ich einfach am Straßenrand und zieh den Schlüssel ab. Was wollen sie denn machen, sie können mich nicht zwingen, zu fahren. Sie können ja versuchen, den Bruti abzuschleppen.“ – „Nein, das machen die nicht. Du hast recht, wenn sie nochmal

Auto tauschen, dann fahren wir einfach nicht mehr. Ich bin so müde!"
Doch der große Polizist hat die winselnde weiße Frau erhört und bei der nächsten Polizeistation öffnen sich die Tore für unseren Bus: Wir bekommen einen geschützten Schlafplatz. Na endlich! Was für eine Marathonfahrt. Der Hund eiert nochmal schnell aus dem Auto um zu pinkeln, staubt sein Abendessen ab und rollt sich dann auf dem warmen Beifahrersitz zusammen. „Schau mal, der Hund ist auch völlig am Ende obwohl wir heute kaum einen Meter zu Fuß gelaufen sind", sagt Michael. – „Ja, das Geschüttel hat uns alle fertig gemacht", stimme ich zu. – „Machst Du uns noch was zu essen? Ich brauche unbedingt noch was in den Bauch, dann will ich nur noch schlafen."
Wenig später liegen auch wir satt und zusammengerollt auf unseren himmlischen Schaumstoffmatratzen. Nach so einem Tag der absolute 5-Sterne-Luxus!

Am nächsten Morgen dürfen wir mit dem Chef der Polizeistation sprechen. Wir erklären ihm, dass wir auf eine Hochzeit in Dera Ghazi Khan eingeladen sind und nennen den Namen der Familie, die ja angeblich so viel Einfluss haben: Jogazai. Der Polizist ist unbeeindruckt, lässt sich aber noch überreden, Asfant auf dem Mobiltelefon anzurufen. Der geht nicht dran und das war's für uns mit der Hochzeit. „Ok, dann halt nicht, wir haben echt alles versucht!" sagt Michael zu mir, als wir zurück zum Bruti gehen. – „Ja, lass uns schauen, dass wir weiterkommen. Wie weit ist es denn noch bis Indien? Wir haben es doch bald geschafft, oder?" – „Noch gute vierhundert Kilometer würd ich sagen. Heute schaffen wir das nicht aber morgen oder spätestens übermorgen gehen wir über die Grenze."
Natürlich werden wir von einer Polizeieskorte begleitet als wir vom Hof fahren. Alle paar Kilometer wechseln sich die Autos

ab. Wir werden anscheinend von einem Zuständigkeitsbereich in den nächsten gereicht und alle wollen uns so schnell wie möglich wieder draußen haben. Das nervt, denn immer wenn wir anhalten, sind sie sofort zur Stelle und drängen uns zur Weiterfahrt. Wir müssen uns jedes Mal rechtfertigen und erklären, dass wir essen, trinken oder austreten wollen. Die bewaffneten Männer lassen uns dabei fast nicht aus den Augen, und so nähern wir uns der Grenzstadt Lahore zügiger als gedacht. Die Eskorte fährt mal vor, mal hinter uns. Wir sind schon am Stadtrand und der Verkehr wird dichter, da wagt Michael ein Manöver: „Ich versuche, die Eskorte abzuschütteln. Ich hab keinen Bock mehr wie ein Gefangener hier rumzufahren." – „Okay...", antworte ich zweifelnd. „Mit unserem Dieselross willst Du einen Jeep abschütteln?" – „Hey, Frau, das ist nicht irgendein Dieselross, das ist der Bruti! Und wenn ich es schaffe, dann hier auf der zweispurigen Straße." – „Ja, okay, hau rein Schnuck!" antworte ich. Die Polizisten sind gerade vor uns und Michael schiebt sich in eine kleine Lücke auf die Überholspur. Dann weiter mit Vollgas, alles was der Bus hergibt. „Siehst Du sie schon?!" fragt er mich angespannt. – „Nein, ich seh sie noch nicht." – „Da vorn ist eine Tankstelle, da fahr ich rein. Vielleicht können wir uns da verstecken!" Wir rasen auf die Tankstelle zu und Michael findet sofort einen Parkplatz zwischen zwei großen Omnibussen: Perfekt! „Schnell, alle Lichter aus!", sagt er und stellt sofort den Motor ab. Wir sitzen fünf Minuten in der Dunkelheit und sagen kein Wort. Nur der Hund quietscht und will raus. „Schnauze, Gomolf, wart noch einen Moment!", zische ich. Es geschieht nichts. Wir haben sie wirklich abgehängt! „Ist doch ein super Schlafplatz, oder?", fragt Michael. – „Klar, vor allem weil wir unsere Ruhe haben." – „Morgen gehen wir über die Grenze, dann interessiert sich hier keiner mehr für uns", freut er sich.

So verbringen wir frohen Mutes unseren letzten Abend in

Pakistan. Am nächsten Vormittag treffen wir letzte Vorbereitungen für die Grenze. Der Kanister 'Destilliertes Wasser' kommt zum Werkzeug. Ich suche unsere Papiere zusammen, wie immer leicht nervös ob noch alles da ist. Doch meine Sorgen sind unbegründet und wenig später sind wir startklar für die Grenze. Doch wo ist die eigentlich? Wir unternehmen eine kleine Irrfahrt durch Lahore, bei der wir auf herrliche Geschäfte stoßen. Wir decken uns mit Leckereien und Grundnahrungsmitteln ein. Doch von der Grenze ist weit und breit keine Spur. Wir sehen nicht ein einziges Schild in Lahore, das den Weg zur indischen Grenze weist. „Ich weiß ja, dass die Pakistanis die Inder nicht besonders mögen", schnaubt Michael, „aber sie brauchen ja nicht so tun als gäbe es dieses Land gar nicht. Das ist eine Grenzstadt hier und es gibt kein Schild?" – „Frag' doch mal jemanden", schlage ich vor. So fragen wir uns nach der 'Wagah Border' durch – dem einzigen Grenzübertritt zwischen Pakistan und Indien. Erst am späten Nachmittag sind wir endlich dort.

Das Besondere an dieser Grenze ist, dass der Güterverkehr nicht per Auto oder LKW vonstatten geht. Stattdessen tragen Menschen die Waren auf ihren Köpfen und laufen damit von einer Seite zur anderen. Doch wir dürfen auch mit Fahrzeug drüber, die einzige Möglichkeit überhaupt um über Land nach Indien zu kommen – außer man fährt über China. Die Grenzformalitäten laufen einigermaßen reibungslos ab. Nur der Zöllner auf der indischen Seite wollte sich zunächst nicht damit abfinden, dass wir ihm kein Bakschisch (Schmiergeld) bezahlen. Als er bemerkt, dass er keine Chance hat, versucht er wenigstens Michaels Kugelschreiber abzustauben. Aber da beißt er auf Granit, immerhin ist er aus Metall und hat eine kleine Digitaluhr in der Kappe. Den wollen wir doch noch eine Weile behalten. „Unglaublich, der erste Inder den ich treffe will mir gleich wieder was abschwatzen. Das kenne ich noch von früher", sagt Michael zu mir, als wir endlich alle Stempel haben und wieder in den Bruti steigen können. Noch ein paar Meter und wir haben es geschafft. Nach 8556 Kilometern fährt unser treues Reisegefährt zum ersten Mal auf indischem Boden. Sein Motor brummt fröhlich und wir sind voller Stolz und Vorfreude.

## Ankunft in Indien

„Endlich ein Bier“, lechzt Michael. „Endlich das Kopftuch abnehmen und dann ein Bier“, ist meine Antwort. Findige Inder haben die Bedürfnislage schon lang erkannt und direkt hinter der Grenze eine Bar eröffnet. Das lassen wir uns nicht entgehen. Während wir uns das Haywards 5000 Bier schmecken lassen, mehren sich Inder, Kinder und Souvenierverkäufer. Sie bieten uns DVD's von der Grenzzeremonie an. Ich schaue Michael fragend an. „Die machen eine Zeremonie, jeden Morgen und Abend wenn die Grenze geöffnet und geschlossen wird. Mit Flaggen und Trallalla“, erklärt er mir. – „Kaufen Sie eine Flagge, nur zwei Rupien!“ mischt sich ein Kind ein und hält mir einen Strauß Papierfahnen vor die Nase. – „Nein, Danke“ antworte ich und sehe Michael skeptisch an. „Müssen wir uns das ansehen?“ frage ich ihn. – „Wollen Sie ein T-Shirt kaufen?“ schreit mir der Nächste ins Ohr. Michael wimmelt ihn ab. „Im Reiseführer steht, wir müssen uns das ansehen. Aber Du weißt ja, was ich von so etwas halte. Wenn Du natürlich unbedingt willst... “, antwortet er. – „Also schnell weg hier“, entscheide ich und wir leeren unser Bier, bevor uns der Verkäufer mit den Postkarten ansprechen kann. Ja, endlich in Indien.

Wir rollen mit Bruti auf guter Straße, vorbei an grünen Reisfeldern, Richtung Amritsar. „Jetzt holen wir mal ein paar

Bier für unser Kühlschränkchen", grinst Michael, als wir die Stadt erreichen. Wir halten Ausschau nach einem Shop. „Haaaalt!!!", schreie ich plötzlich, „da passen wir nicht durch!!!" Michael legt eine Vollbremsung hin: Direkt vor uns ist eine Höhenbegrenzung über der Straße. „Oh Mann, gerade noch geschafft", murmelt Michael, „das hätt' ich echt übersehen, da wären wir volle Kanne mit dem Dach dagegen gerammt." – „Der Bruti ist ein großes Tier Schnuck... Du musst schon aufpassen wenn Du heute Nacht nicht im Freien schlafen willst." Er muss lachen. „Hey, da hast Du gar nicht so unrecht, das hätte uns wahrscheinlich wirklich das Dach wegrasiert. Gut dass Du mitgeschaut hast."

Wir setzen unser Suche nach Bier fort – in einer anderen Richtung. Bald sichten wir ein Geschäft, wechseln etwas Geld in einem Hotel und finden uns kurze Zeit später auf dem Parkplatz desselben wieder: Direkt neben der Straße sitzen wir auf unseren Klappstühlen, ein Bier in der Hand. „Heute Nacht bleiben wir nicht hier, da fahren wir ins Grüne", sagt Michael, „aber jetzt erst mal Prost Schnucki! Wir haben es wirklich geschafft. Vor fast genau einem Monat sind wir losgefahren." Darauf stoßen wir an.

Plötzlich werden wir in grelles Licht von einem Geländewagen getaucht. Zwei Männer steigen aus, einer von ihnen kommt direkt auf uns zu. Er erzählt uns, dass er fließend Englisch spricht, was uns aber gar nicht auffällt. Wir verstehen fast nichts. Er erklärt uns, dass im Hotel gleich eine Hochzeit stattfindet und wir herzlichst eingeladen sind. Wir wechseln einen kurzen Blick. Schon wieder Trubel? Aber das können wir uns eigentlich nicht entgehen lassen.

Noch bevor wir wissen, worauf wir uns da überhaupt einlassen, sind wir mittendrin. Ein Mann mit leuchtend grünem

Turban hängt uns rote Schals um: Wir gehören zu den Ehrengästen. Es gibt leckeres Essen und der Whiskey fließt in Strömen. Irgendwann wechseln wir die Lokalität und der Trubel potenziert sich: Ein unvorstellbares Fest. Essen in reichlichen Mengen, bunt gekleidete Menschen, die Frauen mit Saris und Umhängen, die Männer oft mit Anzug oder – auch hier – im traditionellen *Salwar Kameez*. Viele tragen bunte Turbane, die durch die Farbe und Größe die Bedeutung des Trägers zeigen. Und dann kommt der Einzug des Bräutigams. Er ist über und über mit Papiergeld geschmückt und reitet auf einem Pferd. Danach muss er stundenlang mit seiner Zukünftigen auf der Bühne sitzen und Glückwünsche entgegennehmen. Sie trägt eine große Goldkette von der Nase zum Ohr, ansonsten ist von ihrem Gesicht wenig zu sehen. Sie ist über und über mit gold-roten Tüchern behängt und verschleiert. Wir lernen die Brautleute gar nicht kennen, da wir von den Gästen voll in Beschlag genommen werden. Wir sind die einzigen Europäer hier und die heimliche Attraktion des Abends. Jeder will mit uns reden und uns etwas zu essen und trinken geben. Wir werden zum Tanzen überredet und mitten zwischen Filmkamera, Lichtern, Menschen und lauter Musik drückt mir jemand einen Säugling in die Arme. Das Baby sieht mich mit großen Augen an und fängt sofort an zu Weinen. Ich reiche es zurück in die Menge – und der Wahnsinn geht weiter. Alle möchten ihr Englisch an uns ausprobieren. Oft ist es nur „Hello, what is your name" und „How are you". Wie ein Mantra tragen wir unsere Namen, Herkunft und Reiseziel immer wieder den neugierigen Gästen vor. Die meisten hören sich unseren Text auch gerne zwei- bis fünfmal an. Sie bleiben stehen, lächeln und warten, bis der nächste kommt um die üblichen Fragen zu stellen. Wir sind ständig von einem Schwarm Inder begleitet und mittlerweile ziemlich betrunken. Als sich die Feier etwas beruhigt, erwägen wir zu gehen. Wir beginnen, uns zu verabschieden, da entbrennt eine heftige

Diskussion darüber, wessen Gäste wir nun sind und wer uns mitnehmen darf. Wir sehen uns hilflos an. Angesichts der späten Stunde und unseres Alkoholpegels dürfte es schwierig sein, einen ruhigen Schlafplatz zu finden. Wir parken momentan direkt an einer vielbefahrenen Straße. Kurzum beschließen wir, der Einladung eines Mannes zu folgen, der mit seinen Söhnen hier ist. Er wohnt in der Nähe. Die Jungs sind etwa 12 und 14 Jahre alt und sprechen recht gut Englisch. „Ihr seid schlechte Gäste!" ruft uns der Mann hinterher, der uns vor dem Hotel angesprochen hatte. Auch er wollte, dass wir ihn begleiten. Doch er ist nicht sehr sympathisch und spricht extrem undeutlich. Außerdem hatten uns die Jungs vor ihm gewarnt. „Dieser Mann ist böse", sagten sie, „geht nicht mit ihm mit, er wird Euch bestehlen!" Vielleicht sagten sie das nur, um ihn schlecht zu machen, aber das wissen wir nicht. So belassen wir es bei den schlechten Gästen und folgen dem Familienvater ins Ungewisse: Er fährt voraus, wir mit seinen Söhnen im Bruti hinterher. Die zwei außergewöhnlich gut genährten Teenager quetschten sich auf den Beifahrersitz, ich werde nach hinten verbannt. Michael kann kaum geradeaus gehen, aber fahren tut er prima – denke ich, da höre ich einen lauten Knall. Durchs Dachfenster scheint ein blauer Blitz aber Michael fährt unbeeindruckt weiter. „Schnuck, ich glaub das waren ein paar Kabel!", rufe ich nach vorne. „Des passt scho", tönt es zurück. Ein paar hundert Meter weiter hält der Vater im Auto vor uns und steigt aus. Auch wir stoppen – sind wir schon da? „Michael, sieh was Du getan hast!", ruft er uns entgegen. Wir steigen aus. An unserer Dachbox hängt ein dicker Wulst an Kabeln, die wir seit dem Knall hinter uns herziehen. „Ich hab' die Funken im Rückspiegel gesehen!", erklärt unser Gastgeber. Michael klettert auf den Bruti und beginnt schwankend, die Kabel unter der Dachbox hervorzurupfen. „Die Dachbox ist okay", ruft er mir zu. Ich bin einigermaßen bestürzt, doch unser Führer beruhigt mich: „Das ist ein Fehler der Arbeiter, die haben die Kabel zu tief verlegt." Amritsar ist wohl keine Stadt für hohe Autos.

Endlich kommen wir ohne weitere Zwischenfälle beim Haus der Familie an. Als die Gartentür geöffnet wird springt uns zunächst ein kleines bellendes Etwas entgegen. Dann erscheint die Dame des Hauses in der Tür. Sie wirkt nicht gerade erfreut darüber, dass ihr Mann zu so später Stunde zwei betrunkene Deutsche mit einem Hund anbringt. Der Mann – nicht minder betrunken – zieht die Whiskeyflasche raus und serviert noch einen Drink für jeden. Dann beginnt die Diskussion, wo wir schlafen werden. „Ihr seid meine Gäste, ihr schlaft in meinem Bett!", lallt unser Gastgeber. Müde versuchen wir eine Gegenwehr: „Wir haben unser Bett in unserem Auto..." – doch es ist zwecklos. „Nur, wenn unser Hund auch hierbleiben darf", lenken wir schließlich ein. „Und wir würden gerne gleich schlafen". – „Ok, aber noch ein Drink." – „Nein, keinen Drink mehr. Wir sind zu müde." Schließlich sieht er ein, dass wir nicht mehr in Feierlaune sind und wir werden ohne Umstände im ehelichen Schlafzimmer einquartiert. Das Bett ist noch warm weil seine Frau vorher noch darin geschlafen hatte. Schon als wir uns zudecken bereuen wir unsere Entscheidung, nicht härter für unser eigenes Bett gekämpft zu haben. Fremder Geruch, ein ungewohntes Bett, dass die Frau des Hauses für uns räumen musste. Es ist uns alles etwas unangenehm. Wenigstens Gomolf ist zufrieden, er schläft zusammengerollt auf einer Jacke. Im Einnicken hört Michael, wie sich unser Gastgeber ausführlich übergibt. Der letzte Whiskey war wohl nicht mehr so gut.

Am nächsten Morgen wird Michael wach, weil etwas seinen Arm berührt. „Oh Schnuck, ich bin echt fertig...", murmelt er schlaftrunken. Doch als er die Augen öffnet, sieht er in ein rundes, indisches Gesicht: Der jüngere Sohn von gestern. Er steht mit seinem Freund direkt neben Michael. „Ich wollte meinem Nachbarn Deine Tätowierungen zeigen", erklärt er meinem fassungslosen Mann. „Hey Jungs, ich schlafe hier! Und meine Frau auch. Da will ich meine Ruhe haben und nicht hergezeigt werden!", schnaubt Michael. Die zwei verschwinden zwar, doch danach ist an Schlaf nicht mehr zu denken. Es wird immer lauter im Haus. Ein paarmal huschen Leute durchs Zimmer, irgendwann klingelt das Telefon direkt neben dem Bett. Schließlich ist unsere Unlust größer als die Restmüdigkeit und wir kriechen zerstört aus den Matratzen. „Mann, hab ich Kopfweh", murmelt Michael. Wir schütten uns ein bisschen Wasser ins Gesicht und ziehen uns an. Unsere Gastgeber haben mittlerweile mitbekommen, dass wir wach sind. Der Mann kann es kaum erwarten, uns sein Haus zu zeigen. „Der ist ganz schön fit", raune ich Michael zu. – „Kein Wunder, der hat gestern Nacht noch alles ausgekotzt", antwortet er.

Das Stadthaus hat mehrere Stockwerke. Wir gehen oben auf das Dach, hier haben wir einen schönen Blick auf die bunten Häuserdächer ringsum. Das Mittelgeschoss steht leer. „Ihr könnt hier wohnen wenn Ihr wollt. Es ist genug Platz da. Eine Woche, einen Monat, zwei Monate – kein Problem. Und Ihr müsst nicht bezahlen. Ihr seid meine Gäste!" bietet er an. – „Oh, das ist sehr großzügig... und das ist auch ein sehr schönes Haus aber leider müssen wir weiterreisen", antwortet Michael. „Ja, wir haben nicht sehr viel Zeit. Aber vielen Dank trotzdem", füge ich hinzu und bin ehrlich beeindruckt von der Großzügigkeit. Unser Gastgeber bedauert, dass wir nicht länger bleiben wollen und führt uns dann wieder herunter. Seine Frau bereitet gerade zusammen mit der Dienerin das Frühstück zu. Das Mädchen ist etwa neun Jahre alt und wird ständig zur schnelleren Arbeit angetrieben. 'Die ist jünger als meine Schwester' durchfährt es mich, während sie Zitronengras für uns schneidet. Zusammen mit den Jungs und dem Vater nehmen wir am Esstisch Platz. Dann wird uns das fettigste Frühstück serviert, dass wir je gegessen haben. Es gibt eine Art Omelett. Schon in der Küche kommt auf jedes Omelett ein Würfel Butter. Trotzdem steht auf dem Tisch noch ein Päckchen Butter, schon in Würfel geschnitten. „Was für ein Anschlag auf meinen Magen“, sagt Michael auf Deutsch und dann: „Es sieht sehr... kräftig aus“ auf Englisch. – „Oh, du musst da noch Butter drauf machen“, sagt eifrig der jüngere Sohn. „Schau, so macht man das bei uns“. Kurzerhand greift er sich mit der Hand einen Würfel Butter und – flatsch – verteilt ihn auf seinem Omelett. „Hier, so schmeckt das gut“, sagt er und bevor Michael protestieren kann – flatsch – macht er dasselbe bei ihm. Zum Glück sitze ich außer Reichweite, so dass mein ohnehin fetttriefendes Mahl vor weiterem Nährwert verschont bleibt. Uns wundert gar nichts mehr, schon gar nicht die üppige Statur aller Familienmitglieder. Wir schaffen beide mit Müh und Not die Hälfte des Omelettes, während die Jungs und ihr Vater jeweils zwei vertilgen.

Als wir im Anschluss unsere Sachen aus dem Schlafzimmer räumen, werde ich stutzig: Wo ist mein Ring? Ich habe ihn vor dem Schlafengehen abgelegt. „Schnuck, mein Ring ist weg...“, sage ich unsicher. „Ich habe ihn an meine Halskette an diesen Haken gehängt. Die Kette ist noch da, aber der Ring nicht.“ – „Bist Du sicher?“ will Michael wissen. – „Ja, ganz sicher. Gestern habe ich ihn getragen und dann hier aufgehängt. So mache ich das jeden Abend, das weißt Du doch auch.“ – „Wenn Du Dir sicher bist, dann musst Du unseren Gastgeber fragen.“ Kurz darauf zeige ich dem Mann die Stelle, wo der Goldring war. Er überlegt nicht lange und spricht kurz und eindringlich mit der Dienerin. Die macht sich sodann eifrig ans Werk und sucht unter Schränken und Stühlen. „Sie wird ihn finden“, beruhigt uns der Mann. Skeptisch betrachten wir die Szenerie, bis das Mädchen plötzlich freudestrahlend meinen Ring unter

einem Sofa hervorzieht. „Aha, da ist er ja", ruft der Mann und lächelt. „Komisch nur dass ich nie auf diesem Sofa war", sage ich zu Michael auf deutsch. – „Ich glaube es wird Zeit, dass wir hier wegkommen", antwortet der. Die Mutter hat alles beobachtet und bedeutet Michael mit erhobener Hand, dass das Mädchen schon seine Strafe bekommen wird. Er versucht ihr zu sagen, dass Schläge keine gute Strafe sind, doch ob er Gehör fand, wissen wir nicht.
Mich bestürzt das Schicksal des Mädchens, die wohl der untersten Kaste angehört und ihr Leben lang nur niedere Arbeiten für andere machen wird. Dass sie mir den Ring stehlen wollte, ist nicht weiter verwunderlich. Doch alles, was sie daraus lernen wird, ist wahrscheinlich, dass sie sich nicht mehr so leicht erwischen lässt.

Die nächsten Stunden verbringen wir mit dem Vater und seinen zwei Söhnen. Sie haben uns eine Stadtführung angeboten. Die Reiseveranstalter sind in diesem Falle eher wir selbst. Der Sightseeing-Bus heißt Bruti, die Highlights sind eine Gelegenheit zur Autowäsche und ein Stadtpark. Dort gehen wir mit Gomolf spazieren. Am Nachmittag lotst uns der Vater mit wirren, unsicheren Anweisungen durch den chaotischen Verkehr. 'Michael reißt bald der Geduldsfaden', denke ich, da sollen wir auf einmal anhalten. Einen Moment später kommt ein Grüppchen Kids auf den Bus zu. „Das sind unsere Cousins und Cousinen", verkündet der ältere Sohn und reißt beherzt unsere Tür auf, bevor wir irgendetwas sagen können. Alle strömen in unser Zuhause. „Schaut mal, das sind unsere Gäste aus Deutschland", erzählen die Jungs stolz den Neuankömmlingen. Michael und ich sehen uns hilflos an, während ich die Kinder davon abhalte, in die Schränke zu sehen. „Bitte fahr uns ein bisschen mit diesem Auto!" tönt die Meute. „Ok, wir fahren nochmal zu diesem Park", beschließt Michael und lässt den Motor an. Zwei Mädchen drängen sich neben mich auf die Rückbank. „Warum bist Du so schlank, was ist Dein Geheimnis?" fragt mich eine der beiden. Sie machen den Eindruck, als essen sie ihr Ei auch gerne mit etwas mehr Butter. – „Oh, das kommt vom Reisen", antworte ich ausweichend.

Als wir beim Stadtpark angekommen sind, wird unser Bruti wieder von den Indern befreit. Dann sehen uns alle erwartungsvoll an. „Und jetzt zeigen wir Euch Amritsar und vor allem den goldenen Tempel", verkündet schließlich unser Gastgeber. Ich tausche nur einen kurzen Blick mit Michael und weiß: Er will auch weg hier. Den goldenen Tempel wollten wir zwar schon sehen, aber wir haben beide keine Lust mehr, in der Stadt herumzugurken. Schon gar nicht mit einer Meute Inder im Gepäck. Das ist uns einfach zu viel und so sagt Michael schließlich: „Okay Leute, ich und meine Frau werden hierbleiben und das Auto sauber machen. Wir wollen jetzt alleine sein." Sie verstehen schließlich und verabschieden sich langsam. Wir bedanken uns noch einmal herzlich für alles und winken ihnen nach.

Endlich allein in unseren rollenden sechs Wänden besprechen wir das weitere Vorgehen: „Was meinst Du, sollen wir uns noch den goldenen Tempel ansehen?" fragt Michael. – „Also ich hab eigentlich schon genug von Großstadt", antworte ich, „und auf der Rückfahrt kommen wir sowieso wieder hier durch, oder?" – „Klar", sagt er, „oder weißt Du einen anderen Grenzübergang nach Pakistan?" So fällt rasch die Entscheidung, der Tempel kann noch ein paar Monate auf uns warten und wir sehen zu, dass wir aus der Stadt herauskommen.

Unser Bruti trägt uns tapfer und ohne Probleme durch den Punjab bis in den Wüstenstaat Rajasthan. Die Straßen sind in

Ordnung und wir kommen flott voran. Trotzdem ist immer hohe Konzentration gefragt, da wir immer und ständig mit allem Möglichen auf der Straße rechnen müssen: Hunde, Kinder, Ziegenherden, heilige Kühe. Ich fahre fast gar nicht mehr, ich komme mit der Fahrweise der Inder nicht zurecht. Sie zwängen sich in die kleinsten Lücken und überholen ohne Gnade. Mit meiner defensiven Fahrweise komme ich hier nicht weit und bringe meinen Partner fast um den Verstand. Um Unfällen und Beziehungskrisen vorzubeugen, gebe ich mich schließlich geschlagen und überlasse ihm das Steuer komplett. Als Beifahrerin bin ich aber auch gefordert, hier ist Linksverkehr. Wenn Michael überholen will, braucht er mich um zu sehen, ob Gegenverkehr kommt. Das reißt mich dann aus meinen Tagträumen: Vor uns ist ein voll beladener Eselskarren. Die Ladung stapelt sich mehrere Meter hoch, so dass der Blick versperrt ist. Michael schert halb aus, fragt: „Kommt was?" Ich brauche einen Moment bis ich weiß, was er meint, sehe auf und schreie: „Ja, ein fetter LKW!!" Zum Glück reagiert er schnell genug und reißt das Steuer wieder herum. Als er den Eselskarren endlich überholt hat, ist wieder freie Bahn.

Ich denke gerade darüber nach, ob die Inder eigentlich besser fahren, weil sie ihre Autos genauer abschätzen können oder schlechter, weil sie keinen Sicherheitsabstand wahren. Da hören wir plötzlich ein lautes Krachen: Ein entgegenkommender Traktorfahrer hat uns den rechten Seitenspiegel weggerissen. Soviel zu meiner Frage. Der Traktorfahrer sieht unser Nummernschild und ergreift sofort die Flucht. Wir ärgern uns sehr doch es erscheint uns ausweglos, ihn zu verfolgen. Ein neuer Spiegel ist hier zwar nicht teuer, doch die Qualität ist sehr bescheiden. Für knapp zwei Euro bekommen wir ein kleines windiges Ding, bei dem wir jeden Moment damit rechnen, dass die Scheibe herausfällt. Es liefert uns einen wackeligen, winzigen Ausschnitt dessen, was hinter uns passiert. 'Besser als nichts', denken wir zweifelnd.

Ruhige Schlafplätze hier in der Wüste zu finden, hat so seine Tücken. Wir suchen jeden Abend aufs Neue nach abgelegenen Stellen. Wenn wir in Sichtweite von Häusern campieren, können wir davon ausgehen, dass es keine fünf Minuten dauert, bis die ersten Inder kommen. Sie bleiben vor uns stehen und beobachten mit großen Augen alles, was wir tun. Die Kommunikation bleibt simpel: Die Leute vom Land sprechen kein Englisch. Für sie sind wir eine Attraktion: Wie die Aliens mit dem UFO sind wir hier mit unserem Auto gelandet und machen lauter wunderliche Sachen: Am Klapptisch sitzen, essen und trinken, zähneputzen, den Hund streicheln. Das Grüppchen Menschen wird immer größer und der Abstand zum Bruti immer kleiner. Das geht so lange, bis es uns langsam stört, dass alles was wir tun von bis zu 30 Augenpaaren verfolgt wird. Aber wir können nicht viel dagegen tun. Immer wieder bitten wir die Leute, wenigstens ein paar Schritte zurückzugehen. Wegschicken lassen sie sich sowieso nicht. Natürlich wollen alle unser wundersames Gefährt von innen sehen, doch das erlauben wir nur wenigen. Zu groß ist die Angst, dass wir die Situation nicht mehr kontrollieren können, wenn erst einmal viele Leute im Bruti sind.

Diese Momente sind nicht etwa bedrohlich, die Leute sind hauptsächlich von Neugier getrieben. Das ist nach ein paar Stunden lediglich etwas anstrengend. Manchmal werden wir ärgerlich, da sie sich weigern uns alleine zu lassen. Wir greifen in die Trickkiste, sprechen uns ab und fixieren einen Inder aus der Gruppe dauerhaft mit den Augen. Der wird dann zumindest nervös, einzelne gehen sogar. Mit viel Glück löst es eine kleine Welle aus, so dass dann gleich ein ganzes Grüppchen weg geht. Doch dafür kommen wieder andere. Vor

Gomolf haben die Leute zwar Respekt, allerdings macht er uns auch um vieles interessanter. So große Hunde gibt es hier nicht. Und auch keine Menschen, die so mit einem Hund umgehen. Wenn wir gut drauf sind machen wir für die Leute eine kleine Vorführung: Michael hält dem wild bellenden Monster seinen Arm hin, das nimmt ihn ins Maul, doch.... wie durch ein Wunder bleibt der Dompteur unverletzt. Die Leute sind begeistert.

Man könnte meinen, dass wir zumindest an Orten wo absolut keine menschliche Behausung zu sehen ist, alleine sein können. Doch wenn keine Bauern und Hirten kommen, dann spüren uns nach kurzer Zeit Kinder auf. Die haben ihre helle Freude und zeigen aber doch genügend Respekt. Sie sind zwar neugierig, lassen sich aber leichter abhalten und auch wegschicken, wenn es mal zu viele werden. Gomolf macht der Trubel wenig aus. Er genießt die Aufmerksamkeit und Bewunderung der Menschen. Doch irgendwann ist auch sein Maß voll. Eines Abends in der Wüste Rajasthan besucht uns ein Grüppchen Kinder, die uns schon eine Weile von Weitem beobachtet hatten. Sie sehen uns mit ihren großen dunklen Augen erstaunt an und sind ganz aufgeregt. Die Kinder sind in traditionell bunte Tücher gewickelt. Schließlich überwindet sich ein kleines Mädchen und stimmt eine Melodie an. Alle verstummen und hören zu, ihr Gesang ist leicht und geheimnisvoll für unsere Ohren. Es ist ein schöner Moment. Als sie beendet hat, ist ein paar Sekunden Ruhe. Michael und ich klatschen begeistert Beifall und sind gerührt. Durch unsere Anerkennung ermutigt spring ein Junge vor unseren Tisch und beginnt ebenfalls für uns zu singen. Erst ist es noch melodiös, doch dann startet er eine Art Sprechgesang. Die Geräusche reißen unseren sonst so friedlichen Gomolf abrupt aus seinen Träumen. Das mag er gar nicht. Er springt auf und bellt den Jungen laut an. Der macht einen Satz, purzelt nach hinten und sieht nur noch eins: Flucht vor dem Untier. Auch die anderen werden schnell und es ist von den Kindern nur noch eine Staubwolke zu sehen.

Natürlich sind die Kinder – wie alle unsere abendlichen Gäste – schon lange bevor wir wach sind wieder in Position und freuen sich auf die Morgen-Show. Die lässt nicht lange auf sich warten. Der große weiße Mann schiebt die Tür auf: Endlich! Der Hund springt raus. Oh! Alle warten auf den Auftritt der weiblichen Hauptrolle. Was die wohl macht? Der Mann baut einen Tisch und zwei Stühle auf, dann gibt es Essen, dass die Frau aus dem Auto trägt. Sie essen mit silberfarbenem Werkzeug, statt mit den Fingern. Danach wird der Hund gefüttert, er frisst ohne Hilfsmittel aus seiner Schüssel. Alle haben aufgegessen, dann verschwinden Mann und Frau wieder. Jetzt wird es richtig wunderlich: Aus dem Wagen ertönt ein leises Brummen, erst ein-, dann zweistimmig. Einen spannenden Moment später tritt der Mann wieder nach draußen. Jetzt ist auch die Quelle des Geräusches zu sehen: Ein weißes, längliches Ding, das er mit der Hand in seinem Mund hin- und her bewegt. Aha, das muss eine Zahnbürste sein! Doch warum ist sie so dick? Der Mann weiß wohl nicht, wie man richtig Zähne putzt – er schrubbt ja gar nicht. Doch – siehe da – die Frau tritt nach draußen und macht es genau so. Als sie fertig sind, gehen sie wieder hinein. Das Brummen verstummt, dann ist leises Plätschern zu hören. Wo kommt das denn her? Da, aus dem Auto unten läuft Wasser heraus! Die Sache wird immer spannender, doch da neigt sich die Vorstellung dem Ende zu. Sie räumen Tische und Stühle wieder weg, dann verschwinden alle Akteure in dem Zaubermobil und fahren hupend und winkend davon. Das ist der Gesprächsstoff für die nächsten Wochen hier!

So oder so ähnlich gestalten sich viele unsere Tage. Mal lustig, mal anstrengend, mal spannend – aber nie eintönig. Wir ziehen etwa zwei Wochen durch Rajasthan. Stellenweise sehen wir große, moderne Restaurants völlig abseits von jeder Ortschaft. Die sind für die Touristenbusse, die Richtung Jaisalmer fahren und hier für eine kostspielige Rast anhalten. Dafür sind die Reisenden vor neugierigen Augen abgeschirmt und können ihr Essen zu sich nehmen, ohne dass sie Dreck und Elend sehen müssen oder angebettelt werden.

Wir gehen lieber zu den kleinen Hütten mit den Plastikstühlen, in denen auch die Inder essen. Die Speisen sind frisch, günstig und meist gut bekömmlich. In der Regel gibt es weder Speisekarte, noch Kellner. Das Essen wird ausgewählt, indem man auf die verschiedenen Töpfe deutet, die hier dargeboten werden. Wir entscheiden nach Optik und Geruch, die Erklärungen der Köche helfen uns nur wenig. Es gibt verschiedene Gemüse- und Fleischgerichte von suppenähnlicher Konsistenz. Dazu Reis oder Fladenbrot. Es schmeckt würzig und scharf, vieles ist sehr ölig. Die anderen Gäste sind meist LKW-Fahrer. Einige halten ein Nickerchen auf mit Seilen geflochtenen Pritschen. Wir sind gerne an diesen Plätzen, auch wenn wir oft nicht wissen, was genau wir da eigentlich essen.

Nach vielen Tagen gleichförmiger Landschaft erheben sich vor uns erste Ausläufer einer Siedlung vor einem großen Berg: Jaisalmer. Die goldene Stadt mit dem riesigen Fort aus Sandstein. Vor den Toren Jaisalmers treffen wir die erste Europäerin seit unserer Überquerung des Bosporus. „Schau mal!“, sage ich ganz aufgeregt zu Michael, „da vorn ist eine Weiße!“ – „Michael sieht aus dem Fenster und winkt das Mädel gleich her. Izzy ist Schweizerin, zwanzig Jahre alt und spricht Deutsch. Es ist tatsächlich schon etwas ungewohnt, dass jemand unsere 'Geheimsprache' versteht – so lange haben wir keine anderen deutschsprachigen Leute getroffen. Sie ist uns auf Anhieb sympathisch und so laden wir sie in den Bus ein.

„Ich bin schon fast ein halbes Jahr in Indien", erzählt sie uns, „aber bald muss ich wieder nach Hause." – „Bist Du ganz alleine unterwegs?" wollen wir wissen. – „Ja, aber das war gar nicht geplant", lacht Izzy. „Ich bin mit einem Freund gestartet aber wir haben uns überhaupt nicht vertragen. Deswegen haben wir uns nach einer Woche getrennt – und seitdem bin ich alleine unterwegs. Aber ihr seid echt mit der Karre hergefahren...? Das ist ja der Wahnsinn! Wo seid Ihr denn da lang gefahren?"

So freunden wir uns miteinander an und tauschen Reisegeschichten aus. Wir verabreden uns für später, zuerst wollen wir die Stadt erkunden.
Jaisalmer war einst ein Knotenpunkt der Kamelkarawanen zwischen Indien und Zentralasien. Mit Aufkommen der Schifffahrt schwand die Bedeutung der Stadt. Heute ist es ein Touristenspot. Den Bruti parken wir vor dem Stadttor, dann stürzen wir uns ins Gewühl. Viele Weiße sind hier. Die kleinen Gassen sind gesäumt mit Restaurants, Hotels und Souvenir-Shops. Für viele mag Jaisalmer ein wahr gewordener Traum aus einem orientalischen Märchen sein. Der Verkehr bleibt größtenteils außerhalb der Bastionen und nur hin und wieder fährt ein Moped durch die verwinkelten Gassen. Durch das Fehlen der Motorengeräusche und dem bunte Treiben auf den Straßen wird der Eindruck, sich in einer mittelalterlichen Stadt zu befinden, noch verstärkt. Händler bieten Gewürze, Seide und Silberschmuck an. Außerdem gibt es bunte Tücher und Teppiche, reich verziert mit Stickereien und Spiegeln, Silberarbeiten und Kleinodien aus Kamelknochen. Über allem liegt ein Duft aus Sandelholz und Gewürzen. Süßlich riechendes Curry vermischt sich in der warmen Luft mit dem erdigen Geruch von Kuhdung, der hier ebenfalls nicht fehlt. Die

weltberühmten heiligen Kühe streunen wie Hunde durch die Gassen und durchsuchen den Müll nach etwas Essbarem. Anders als auf dem Land haben viele der Tiere hier unnatürlich aufgeblähte Bäuche. Zunächst halte ich sie für trächtig, doch auch die Stiere haben dicke Leiber. „Die meisten sind ziemlich krank“, erklärt Michael, der schon mehr heilige Kühe gesehen hat als ich. „Die dicken Bäuche sind von dem ganzen Plastik, das sie mitfressen. Oder sie haben irgendwelche Geschwüre. 'Heilig' heißt nicht, dass sie besonders bevorzugt werden. Die Kühe werden sich selbst überlassen und keiner kümmert sich um sie. Und sie dürfen nicht gegessen werden.“ – „Da geht's denen auf dem Land ja noch super, die sind zwar alle dürr aber wenigstens sehen sie nicht so krank aus“, antworte ich nachdenklich. – „Ja, schon“, stimmt Michael zu, „auf jeden Fall darfst Du keine Kuh wegschieben oder anhupen. Das macht man hier nicht, da kann es Ärger geben. Die Kuh hat pauschal Vorfahrt! Einmal hab' ich eine indische Kuh gegessen, das war damals in Goa. Goa ist ja christlich, deswegen geht das dort. Aber ich sag's Dir, die Kuh hat mich tagelang gequält und lag mir sowas von schwer im Magen! Nie wieder!“ – „Hm, kein Wunder. Die Viecher hier machen mir auch keinen Appetit auf Rindfleisch“, entgegne ich mit Blick auf ein besonders aufgeblähtes Exemplar, das gerade an einer Plastiktüte kaut.

An Ständen und in kleinen Läden hier bekommt man alle Dinge des täglichen Gebrauchs: Wasser, Cola, Zigaretten und natürlich: Toilettenpapier. In Indien ist das nicht üblich, hier benutzt man Wasser und die linke Hand. Dies ist für viele westlichen Besucher des Landes keine Option und so verkaufen sich die begehrten Rollen im Zweierpack für umgerechnet einen Euro bestens. Wir selbst zehren noch von unserem Großvorrat aus Deutschland, so stellt sich uns das Problem momentan nicht.

In den Restaurants gibt es neben den typischen *Masala*- (würzige Currys) und *Tandoori*-Gerichten (aus dem Backofen) auch Pizza, Nudeln und Pommes. Die Hotels werben mit „Blick auf das Fort“ und die Marktschreier versuchen unermüdlich, die Passanten zum Kauf von Wasser, Bier und Souvenirs zu bewegen. Natürlich ist alles teurer als an den Orten ohne Touristen. Wir sehen uns das Fort an und ich kaufe mir ein neues Tagebuch. Es hat einen Einband aus Kamelleder, oder doch Ziegenleder, das kommt darauf an, welchen Händler ich frage.

Über die Geschichte der goldenen Stadt mit ihrem Fort steht folgendes geschrieben: Der älteste Teil des Forts wurde 1156 von Rao Jaisal aus dem Geschlecht der Bhatti auf diesem strategisch günstigen Standpunkt gegründet. Die Rajputen-Familie der Bhattis war sehr reich, jedoch war die Quelle ihres Vermögens recht unrühmlich. Sie waren Raubritter der Wüste und überfielen und bestahlen die reisenden Karawanen. Im 14. Jahrhundert vergriffen sie sich aber an einer Karawane des Sultans von Delhi. Der setzte daraufhin unverzüglich eine Strafexpedition in Marsch. Nach langer Belagerung fiel die Stadt und die Frauen wählten, Rajputischer Tradition entsprechend, den Feuertod. Jaisalmer blieb dann viele Jahre in den Händen des Sultans von Delhi und wandelte sich langsam vom bescheidenen Räuberhauptquartier zu einer ansehnlichen Stadt. Es wurde Umschlagplatz für Opium, Gewürze, Getreide und Butterfett (Ghee). Die Bewohner haben sich also dem modernen Raubrittertum zugewandt und gingen unter die immerhin friedlichen Händler. „Dann hat sich also bis heute hier nicht viel geändert“, kommentiert Michael trocken.

Die Hauptattraktion der Stadt, das Fort aus Sandstein, ist beeindruckend und die Sicht auf die roten Dächer, die in der Abendsonne leuchten, ein Erlebnis. Abends wird das Fort mit zahlreichen Scheinwerfern in romantisches Licht getaucht.

Im Dämmerlicht gehen wir zurück zum Bruti und merken, dass sich immer mehr Straßenhunde ansammeln, die wütend Gomolf anbellen. Dem ist die Situation nicht ganz geheuer. Wenn es dunkel wird, sind die Hunde hier in erhöhter Alarmbereitschaft. Die Kunde vom Fremden im Revier verbreitet sich schnell und es kommen immer mehr Hunde von allen Seiten. Richtig viele halbstarke Kläffer. Michael drängt sie mit seinem Stock zurück. Es sind bestimmt über vierzig. Wir müssen aufpassen, dass sie Gomolf von keiner Seite zu nahe kommen. Die wütende Meute begleitet uns bis zu unserem Fahrzeug und wir fahren unter ihrem Gebell davon.
„Ist schon Wahnsinn, wenn Dich die Inder nicht verfolgen dann sind es die blöden Straßenhunde“, sagt Michael als wir uns nach einem Schlafplatz umsehen. – „Ja, und bei so vielen hat Gomolf auch Schiss“, füge ich hinzu. Wir sind froh, als wir einen ruhigen Platz in der Wüste gefunden haben. Diesmal kommt niemand und wir können in Ruhe auf unseren Klappstühlen von Weitem die bunten Lichter der Stadt betrachten. Gomolf macht eine Erkundungstour in die Umgebung. Wir gehen schon lange nicht mehr extra mit ihm spazieren. Er genießt es, wenn er ganz alleine auf Streifzug gehen darf. Natürlich bleibt er immer in Hörweite.

Am nächsten Morgen holen wir Izzy von ihrer Unterkunft ab. Zufällig ist sie auch in Richtung Jodhpur unterwegs und wir haben vereinbart, sie bis dorthin mitzunehmen. Etwas Gesellschaft tut uns beiden gut und auch Izzy freut sich, dass sie etwas von dem Abenteuer „Indien mit dem VW-Bus“ miterleben darf. Sie beteiligt sich ein bisschen an den Kosten für's Essen und die Sache ist abgemacht. Ihren kleinen Rucksack kriegen wir locker unter und Schlafen kann sie auf unserer klappbaren Rückbank. Izzy packt mit an, versteht sich super mit dem Hund und passt wunderbar in unser Team. Sie ist Vegetarierin und zu 90% Veganerin. Das heißt, sie isst kein Fleisch, Fisch und Eier und nur wenig Milchprodukte, also quasi so gut wie gar keine Tierprodukte. Das trifft bei Michael auf große Verwunderung. Auch ich als bekennende Käse-Liebhaberin könnte mich nicht mit dem Gedanken anfreunden, auf so viel Leckeres zu verzichten. Schon jetzt sehne ich mich heimlich manchmal nach einer Käsetheke in einem deutschen Supermarkt. Auch ein einfacher Becher Frischkäse würde mich schon glücklich machen. Und Izzy isst solcherlei von Haus aus nicht. Aber Indien kommt ihr diesbezüglich sehr entgegen, denn es gibt viele Landstriche, in denen hauptsächlich vegetarisch gegessen wird.

Noch am selben Tag auf unserer Fahrt Richtung Jodhpur fällt uns auf einmal Seltsames auf: Es gibt viel Wasser hier – dabei sind wir immer noch in der Wüste. Doch links und rechts von der Straße hat sich das Wasser schon zu kleinen Seen gesammelt. Je weiter wir fahren, desto größer werden die Seen. Bald fängt an den Rändern der Straße ein kleiner Wall aus Sandsäcken an, um die steigenden Fluten abzuhalten. Wir sind ziemlich erstaunt. Ein paar Traktoren kommen uns entgegen und fahren kommentarlos weiter. So setzen auch wir unseren Weg fort und sehen verwundert, wie schon die Bäume jenseits der Sandsäcke im Wasser stehen und die Straße immer matschiger wird. „Wir müssen aufpassen, dass wir hier nicht steckenbleiben – falls das noch schlimmer wird“, sagt Michael unruhig. Doch es kommt anders. Kurz bevor die Straße zu einer nicht mehr befahrbaren Matschpiste wird, hört sie auf und versinkt einfach im Wasser: Die Straße wurde überschwemmt – in der Wüste! An der Stelle, wo sie im Wasser endet, sind einige Männer mit Traktoren damit beschäftigt, Sandsäcke aufzuschichten: Ein Kampf wie David gegen Goliath. Was uns betrifft, können wir nicht abwarten, bis die Straße irgendwann mal wieder passierbar ist. Wir halten eine kurze Krisensitzung: Wir legen Jodhpur auf den Rückweg und wollen weiter zur Insel Diu in Gujarat. Dann könnten wir umkehren und einfach nach Süden weiterfahren. Izzy entschließt sich spontan, uns auch dort hin zu begleiten. So vollführt Michael ein gekonntes Wendemanöver und unser Kurs geht nun südlicher. Die Insel Diu im arabischen Meer: Da wollen wir hin. „In Diu gibt es keine Steuer auf Alkohol, da kostet das Bier nur drei Viertel von dem was wir hier zahlen“, erklärt Michael lächelnd. Wir sind gespannt.

## Ein Ziel vor Augen

Nach zwei Tagen passieren wir die Grenze zum Bundesstaat Gujarat. Was wir allerdings nicht wissen: Hier herrscht generelles Alkoholverbot. Die einzige Ausnahme ist die Enklave Diu, am südlichen Zipfel des Staates. Nichtsahnend fahren wir mit unserem Bier im Kühlschrank auf passablen Straßen durch die immer grüner werdende Landschaft. Links und rechts sind erste Reisfelder, neben der Straße stehen Bäume und Gebüsch. Plötzlich hören wir einen lauten Knall und der Bus zieht brutal nach links auf den Straßengraben zu. „Festhalten!" schreit Michael, tritt in die Bremsen und hält das Lenkrad fest. „Alle festhalten... haltet den Hund fest!" schreit er weiter, bis wir schließlich am Straßenrand zum Stehen kommen. Einen Moment sitzen wir alle starr da. Izzy findet als erste wieder das Wort. „Was ist passiert?!" – „Reifenplatzer", antwortet Michael tonlos. Nachdem wir den Schrecken überwunden haben, steigen wir aus. Den Reifen vorne links hat's erwischt. Er ruhe in Frieden, schließlich hat er uns lange und treu gedient. „Ok, Wagenheber... mit passender Stange... und das Radkreuz brauchen wir", sagt Michael, „Du suchst das zusammen und ich mach das Reserverad ab." Eine halbe Stunde später sind wir noch nicht wesentlich weiter gekommen. Der Wagenheber ist sehr klein und es gestaltet sich schwierig, den Bruti damit aufzubocken. Um uns herum hat sich eine Menge von etwa einem Dutzend schaulustiger Inder versammelt. Ich bin ärgerlich. „Ein paar von denen sind doch LKW Fahrer, die haben bestimmt einen großen Wagenheber. Die sollen uns helfen und nicht nur zusehen!“ sage ich zu Michael. – „Dann frag' sie doch!“ antwortet er sarkastisch, während er sich mit dem Wagenheber abmüht. Ich wende mich an die Leute und versuche zu erklären: „Wir haben hier ein Problem. Und ihr könnt nur zuschauen? Dann geht! Geht weg und lasst uns in Ruhe – oder helft uns! Ich sehe einigen direkt in die Augen. Nervosität macht sich breit aber niemand geht. Im Gegenteil, es kommen immer mehr Leute um uns zuzusehen. Frustriert wende ich mich ab und versuche, Michael zu helfen. Trotzdem hat meine Ansprache wohl etwas bewirkt, denn kurze Zeit später taucht ein Inder mit einem großen Wagenheber für LKW's auf. Emsig platziert er ihn und macht sich gleich daran, die Karre hochzukurbeln. Jawohl, das ist es was wir brauchen. Jetzt muss Michael nur noch Anweisungen geben. Die Muttern von unserem Rad sitzen ziemlich fest, unsere Helfer hängen mit ganzer Kraft am Radkreuz. Drei von sechs bringen sie auf, die anderen bewegen sich keinen Millimeter. Da muss mehr Kraft her. Aber wir haben es hier nicht mit Anfängern zu tun. Einer der Männer steckt eine Stange als Verlängerung auf das Radkreuz, ein anderer steigt drauf und wippt vorsichtig hoch und runter. Die Stange biegt sich schon gefährlich unter seinem Gewicht, 'Knack', da löst sich die Mutter. Tatkräftig machen sie mit der gleichen Technik weiter. Michael beobachtet sie skeptisch: „Wenn die uns die Schrauben abreißen, sind wir geliefert!“ sagt er zu mir. Doch die nächsten beiden 'Knack'-Geräusche verheißen Gutes, die Muttern lösen sich und den Schrauben fehlt nichts. Fix schnappen sich die Helfer das Reserverad und montieren es – perfekt. Wir machen ein Abschiedsfoto von unseren mittlerweile knapp dreißig Zuschauern und Helfern und bedanken uns freundlich. Dann sind wir froh, als wir wieder mit sechs gesunden Rädern auf der Straße rollen.

Abends findet Michael eine Zufahrt zu einem Reisfeld, hier können wir übernachten. Raus mit den Campingstühlen und dann erst mal ein Bier. Natürlich bleibt es den Menschen hier nicht lange verborgen, dass die Aliens gelandet sind. Schnell werden wir mit neugierigen Blicken taxiert. Einige der Männer blicken gierig auf unsere Flaschen, bis sich einer schließlich überwindet und Michael fragt, ob er ihm ein Bier abkaufen kann. Er kommt seiner Bitte nach, da ist der Bann gebrochen und die anderen wollen auch alle eins. „Ich hab' keines mehr“, sagt Michael und zeigt seine leeren Hände. Die Männer sind enttäuscht und beobachten uns noch eine Weile. Bei Einbruch der Dunkelheit ziehen sie sich langsam zurück. Beim Abendessen schmökert Michael noch ein wenig im Reiseführer. Auf einmal geht ihm ein Licht auf: „Hey Mädels, hier in Gujarat ist Alkoholverbot! Deswegen waren die so scharf auf unser Bier!“ – „Ach, hier ist es verboten und in Diu erlaubt und steuerfrei?“ will Izzy wissen. – „Ja, aber ich lese das gerade auch zum ersten Mal. Sonst hätten wir uns in Rajasthan noch besser eingedeckt...“, erklärt Michael, „aber was soll's, in ein paar Tagen sind wir in Diu.“ Bald kriechen wir in unsere Betten und hoffen auf eine ruhige Nacht.

Als ich eingeschlafen bin träume ich von Leuten, die an unser Auto klopfen. „Wir sind nicht da“, murmele ich und drehe mich auf die andere Seite. Dann werde ich wach weil Michael schimpfend aus dem Bett steigt. Das Klopfen war echt und Michael ist natürlich wieder lange vor mir auf den Beinen. Er schnappt sich seine Machete, reißt die Tür auf und läuft mit seiner Unterhose bekleidet nach draußen. Vor dem Auto stehen acht Polizisten und ein Haufen Schaulustiger. Noch bevor sie irgendetwas sagen können fängt Michael an zu schimpfen: „Ich will hier schlafen! Es ist zwei Uhr nachts! Schlafen die Leute niemals in Eurem Land? Meine Frau und meine Schwester sind da drin, wir sind müde und wollen schlafen. Was ist das

Problem?“ Keiner aus dem Haufen spricht englisch, nicht einmal der Polizeichef. Er versucht, ein paar Worte zu sammeln doch Michael hat keine Geduld dafür. „Ich gehe jetzt ins Bett! Wenn es was Wichtiges gibt, dann kommt morgen wieder.“ Er macht auf dem Absatz kehrt und kommt zurück ins Auto. Wir hören, dass sich die Leute draußen noch eine Weile beraten und dann endlich wegfahren. Erst später wird uns bewusst, dass wahrscheinlich die Männer, für die gestern kein Bier mehr da war, die Polizei gerufen haben. Zum Glück standen keine Flaschen mehr herum und Michaels Auftritt in Unterhosen hat ihnen den letzten Wind aus den Segeln genommen.

Am nächsten Tag haben wir überraschenderweise einen ruhigen Morgen: Keiner kommt, um uns zu betrachten. Sehr schön. Ich mache Kaffee für alle. Gestern habe ich Milch bekommen! Seit ein paar Tagen hatten wir schon keine Milch mehr. Für Izzy kein Problem aber für mich ist Kaffee ohne Milch wie ein Schlag ins Gesicht am Morgen. Auch Michael ist extrem sensibel was seinen Morgenkaffee angeht, doch heute bin ich voller Zuversicht. Die Milch habe ich gestern am Straßenrand in einer Plastikflasche gekauft. Danach haben wir sie gleich in den Kühlschrank gepackt, also sollte doch alles in Ordnung sein. Sie riecht normal. Der Kaffee ist fertig, ich fülle ihn in die Blechtassen und gebe Milch dazu. Sofort bilden sich dicke weiße Flocken und es gerinnt im heißen Kaffee. Na toll. Missmutig reiche ich Izzy ihren schwarzen Kaffee und kippe unsere flockige Brühe in den Ausguss. „Die Milch ist wahrscheinlich frisch von der Kuh direkt in die Plastikflasche gekommen“, sagt Izzy vorsichtig. „Vielleicht musst Du sie abkochen.“ Wortlos krame ich einen Topf heraus und erwärme die übrige Milch auf dem Herd. Als sie warm wird teilt sie sich entzwei. Es entstehen feste Klumpen und wässrige Flüssigkeit. Mit großen Augen verfolgen Izzy und ich, was da im Topf passiert. Die einzelnen Klumpen wachsen zu einem großen zusammen bis nur noch ein dicker Batzen mit etwas Flüssigkeit außen übrig ist. „Sieht aus wie Mozzarella“, bemerke ich und piekse mit meinem Finger in den Klumpen. „Und fühlt sich auch so an.“ – „Probier's mal ob es auch so schmeckt“, meint Izzy. Ich versuche ein Stück und es schmeckt – nach gar nichts. „Nein, aus der Käseproduktion im VW-Bus wird nichts“, bemerke ich und entsorge ohne weitere Kommentare den Inhalt des Topfes.

Noch bevor der nächste Kaffee fertig ist, kommt Michael zurück. Er war mit Gomolf auf Erkundungstour in der Umgebung. „Hey Mädels, kommt mal mit! Ich hab' gerade ein paar Bauern kennen gelernt, die wohnen gleich da vorne und haben uns zu Tee eingeladen.“ – „Cool!“, sagt Izzy und ist gleich dabei. Ich bin noch etwas unmotiviert wegen meinem Milch-Erlebnis, raffe mich aber dann glücklicherweise doch auf. Uns erwartet eine unvergessliche Begegnung. Wir gehen durch die Felder zu einem winzigen Dorf. Es gibt fünf einfache Hütten und ein paar Kühe stehen herum. In einer Ecke sitzen Frauen am Boden und kochen Tee auf einem Kessel über dem Feuer. Wir sollen auf einer Liege Platz nehmen. Als der süße Tee fertig ist, wird er eilig herbeigebracht. Einige Kinder beobachten uns neugierig, andere laufen ängstlich zu ihren Müttern. Gomolf gefällt den Leuten, hier hat niemand Angst vor Tieren. Die Gesichter und Körper der Männer erzählen von der harten Arbeit auf dem Feld. Ihre Haut ist dunkelbraun gebrannt, sie sind mager aber kräftig. Die Frauen tragen große Armreife, Ohrringe und Nasenringe aus Silber. Die weiße Kleidung der Männer und die bunten Tücher der Frauen sind staubig und zerschlissen, doch die Leute begegnen uns mit Stolz. Ihr Leben ist einfach und hart, etwas anderes kennen sie nicht. Die Zeit scheint hier stehengeblieben zu sein. Keiner spricht englisch. Die Leute haben kaum eine Idee davon, wo wir herkommen. Michael hat unsere großen Landkarten dabei und legt sie auf dem Boden aus. „Hier ist Indien“, sagt er und zeigt mit einem Stock auf die Landkarte. „Und hier ist Gujarat.“ Die Leute murmeln zustimmend. „Von hier sind wir gekommen. Durch Rajasthan... Punjab... und davor Pakistan.“ – „Aja“, antworten die Leute, „verstehe“. – „Und dann Iran... sehr großes Land. Dann Türkei und dann hier weiter: Europa!“ Er breitet die andere Landkarte daneben, die an der Türkei anschließt. Von einem Land namens Iran haben sie hier vielleicht schon einmal gehört aber mit Türkei können sie gar nichts mehr anfangen. Trotzdem verfolgen sie interessiert den Weg durch die Länder Europas. „Hier Griechenland... dann Italien... Österreich... und hier ist Deutschland. Hier, München, von dort sind wir gekommen – mit dem Auto“, beendet Michael den kleinen Erdkundeunterricht. Die Leute sehen uns erstaunt an. Kann man wirklich so weit mit dem Auto fahren? Wir bekommen noch einen Tee und ich mache ein paar Bilder mit der Digitalkamera. Ich zeige ihnen die Aufnahmen und sie blicken erstaunt auf das Display. Hier hat wahrscheinlich noch niemand ein Foto von sich selbst gesehen. Der Älteste unter den Männern, der auch Michael zum Tee eingeladen hatte, blickt angestrengt auf unsere Kamera. Dann geht ihm plötzlich ein Licht auf und er schickt einen Jungen nach seiner Hütte. Der kommt zurück und drückt Michael einen riesigen Fotoapparat in die Hand, der bei uns schon Museumsstatus hätte. Komplett mit Verpackung – aber ohne Film und Batterie. „Wie funktioniert die? Kannst Du damit fotografieren?“, wollen sie wissen und sehen ihn erwartungsvoll an. Michael dreht das riesige Ding etwas ratlos in seinen Händen. Er macht hinten den Deckel auf. „Hier... da müsst ihr einen Film rein tun“, sagt er, „aber so einen habe ich nicht. Der Älteste ist sehr stolz auf seinen Besitz – auch wenn niemand hier den Fotoapparat bedienen kann. Er lässt ihn wieder sorgfältig einpacken und zurückbringen. Danach begleiten uns ein paar der Leute zurück zu unserem Bruti. Sie bleiben stehen als wir einsteigen und beäugen interessiert unser Zuhause. „Hier essen wir, hier schlafen wir, hier wohnen wir. Das ist unser rollendes Haus“, erklärt Michael mit Händen und Füßen. Ohne viele Worte verstehen die Leute, dass hier unsere Privatsphäre beginnt und bleiben draußen stehen. Nur eine Mutter reicht mir ihr Kleinkind herein. Das Bündel sieht mich überrascht an. Langsam mischt sich Panik in die großen dunklen Augen und das Kind fängt an zu weinen. Das war mein Kommando, ich gebe es zurück und wir verabschieden die Leute.

In der nächsten großen Stadt, Morbi, versuchen wir verzweifelt, einen passenden Reifen für unser Reserverad zu finden. Es ist heiß und staubig ohne Ende und wir werden von einem zum anderen geschickt. Englisch – Fehlanzeige. Nach endlosem Warten und Vertrösten dann endlich die entmutigende Antwort: „In drei Tagen können wir den Reifen besorgen.“ – „Drei Tage lang hier warten? Das geht gar nicht!“ resigniert Michael. Wir halten kurz Krisensitzung und bald sieht Morbi von uns nur noch eine Staubwolke. Das schaffen wir schon, auch ohne Reserverad. Auch in Rajkot, der nächsten Stadt, haben wir nicht mehr Glück. Die ganze Gegend scheint nur aus Fliesenfabriken zu bestehen. Wohin wir auch sehen: Überall werden Fliesen angeboten. Große Fliesen, kleine Fliesen, kunstvolle Fliesen, Fliesen für Küche, Bad Balkon. Überall. An den Stadträndern stehen riesige Fabriken und weiter draußen sehen wir schwarze Seen voller giftiger Abwässer. Die Straße wird auf einem langen Abschnitt ausgebaut, eine riesige Baustelle. Wir fahren über unzählige Kilometer nur auf provisorischem Straßenbelag. Die Gegend hat den Charme eines riesigen Industriegebietes. Michaels Geburtstag naht und er wollte eigentlich bis dahin in Diu sein. Doch die Strecke zieht sich in scheinbar endlose Weite. Bald merken wir, dass wir hier noch mehr Aufsehen erregen, als in Rajasthan.

In einer Kleinstadt halten wir an um etwas einzukaufen. Am Markt beuge ich mich mit Izzy über das angebotene Gemüse und wir suchen die besten Tomaten heraus. Einige Leute haben uns schon entdeckt und scharen sich neugierig um uns. Als ich nach dem Bezahlen wieder aufstehe, hat sich die Menge der Menschen schon verdreifacht und ich habe Mühe, in der Ferne Michael auszumachen. Wir bahnen uns einen Weg durch: Wir dürfen uns auf keinen Fall verlieren. „Hey, wir haben Tomaten und Kartoffeln. Hast Du schon Eier gefunden?“, frage ich Michael als ich ihn sehe. – „Nein, ich finde keine und die verstehen mich auch nicht. Weißt Du was 'Ei' auf Hindi heißt, Izzy?“ Sie weiß es schon, doch hier spricht man Gujarati, einen etwas anderen Dialekt. Die Leute verstehen kein Wort. So führen wir unser kleines Theaterstück vor wachsendem Publikum auf. Wir wackeln mit den Armen und gackern dazu, dann gehen wir in die Hocke und zaubern von hinten etwas raus. Das Etwas muss klein und rund sein... und man kann es essen. Was kann das sein? Nach ein paar Durchgängen mit leichten Variationen in der Darstellung geht einem der Zuschauer ein Licht auf. Er teilt uns mit, dass er verstanden hat und will uns den Weg zeigen. Wir folgen ihm. Etwa dreißig Leute begleiten uns. Wir gehen über schmale Wege, vorbei an schiefen Hütten, spielenden Kindern, Hunden und gackernden Hühnern. Aufgeregt zeigen wir auf die phänomenalen Federtiere: Wir sind auf der richtigen Spur. Der Fußmarsch geht noch weiter und mehr Leute schließen sich an. Endlich erreichen wir einen Shop und da gibt es: Eier. Wahnsinn. Wir erstehen acht Stück davon und sie werden fachgerecht mit Zeitungspapier in eine Tüte gepackt. Wir ziehen mit unserer Fangemeinde zurück Richtung Bruti und wollen noch Brot und ein paar Getränke kaufen. Das Fladenbrot wird hier frisch im Steinofen gemacht, dementsprechend müssen wir ein wenig warten. Währenddessen versammeln sich so viele Menschen um uns, dass wir von mehreren Reihen dicht eingekreist werden. Wir müssen die Leute immer wieder um etwas Abstand bitten. Es sind mindestens achtzig in direkter Nähe und viele weitere, die sich das Spektakel ebenfalls ansehen. So viele auf einmal waren es noch nie. Auch Gomolf ist die Situation nicht ganz geheuer. Ein paar Kinder kommen mit einem verstörten Hundewelpen herbei, das ständig bellt und knurrt. Gomolf weicht erschrocken zurück und erntet das Gelächter aller Zuschauer. Wir sind froh, als unser Brot endlich fertig ist und Michael mit den letzten Getränken ankommt: „Auf geht's Mädels, ab in den Bruti, wir haben alles!", verkündet er und wir ziehen weiter.

Am Morgen des 18. Februars schäle ich mich ausnahmsweise vor Michael aus dem Bett – leise, so dass er nicht aufwacht. „Komm, hilf mir", flüstere ich Izzy zu, die ebenfalls schon die Augen offen hat. Wir arrangieren aus einer Banane, Honig und Nüssen eine Art Tortengebilde. Als Michael wach wird, präsentieren wir es ihm mit brennendem Feuerzeug und Gesang. Geburtstag in Gujarat!

In den nächsten beiden Tagen halten wir nur an um zu essen, zu schlafen oder nach dem Weg zu fragen. Letzteres müssen wir sehr oft tun. Wir haben zwar eine halbwegs brauchbare Straßenkarte, aber die Beschilderung ist denkbar dürftig. Um nicht den falschen Weg einzuschlagen, fragen wir bei jeder Abzweigung einen intelligent aussehenden Passanten: „Diu?" Meist folgen einfache Armbewegungen in die richtige Richtung. Manchmal aber auch nur ein erschrockener oder erstaunter Blick, wahlweise Gelächter oder auch Kopfschütteln. Doch die meisten sind hilfsbereit und verstehen, was wir wollen. So kommen wir unserem Ziel immer näher. Als Diu auf der Landkarte schon zum Greifen nahe erscheint, gibt es für Michael kein stoppen mehr. Er fährt stur immer weiter. Es wird schon dunkel und wir vermeiden eigentlich, nachts zu fahren.

Doch heute ist alles egal. Manche Fahrzeuge sieht man erst ganz kurz vorher, da sie überhaupt nicht beleuchtet sind. Viele Mopeds entpuppen sich später als LKWs mit nur einem Licht. Dann sind da noch die üblichen Hunde, Kühe und Menschen, mit denen er sowieso ständig rechnen muss. Aber unser Fahrer schafft es. Ohne weitere Zwischenfälle erreichen wir nach zwei Monaten Fahrt und ziemlich genau 10.000 km völlig übernächtigt, hungrig und mit ungestilltem Bierdurst die Insel Diu im arabischen Meer.

Die erste Nacht in Pakistan. Das, was folgt, verlangt dem Bus alles ab

Pakistan: Die Straßenverhältnisse sind extrem –
Tiertransport wird unkompliziert gehandhabt

Zugfahren ist keine Alternative

Indien: Überall begegnen uns die verschiedensten Götterstatuen

Nepal: An Buddhas Geburtsort herrscht eine besondere Atmosphäre

Nepal: Gomolf (oben links) tobt über ein Reisfeld – Diu setzt sich zur Kühlung einfach in die Wasserschüssel

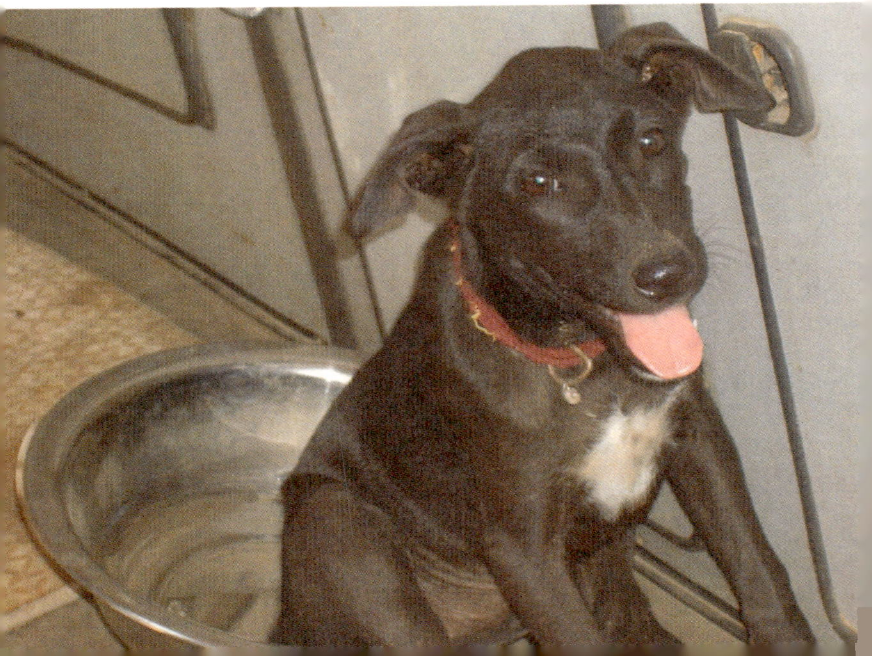

Nepal: Die Menschen begegnen uns sehr freundlich, sie leben meist in einfachen Verhältnissen

Pakistan: Eine Tankstelle für Lastwägen – und unseren Bus.
An der Grenze werden die Waren von Trägern transportiert

## Endlich Urlaub!

„Wir sind da!“, ruft Michael als er das Stadttor erblickt. Mit erhabenem Gefühl fahren wir über die lange, gerade Brücke vom Festland und damit zur die Insel Diu. Ein paar Meter später stoppen wir beim Biershop. Als der Vorrat im Kühlschrank verstaut ist, macht es dreimal 'plopp' und wir stoßen nachträglich auf den Geburtstag an. „Was hat die Frau vorhin gesagt wie der schöne Strand heißt?“, fragt Izzy, denn wir haben noch keine Ahnung wo wir schlafen sollen. Sie winkt einen Passanten herbei, ich überlege derweil. „Wo ist der Strand?“, fragt sie den Mann, der verständnislos dreinschaut – da fällt es mir plötzlich ein: „Es klang so ähnlich wie 'Sackratte'!“ Das Gesicht des Inders hellt sich auf: „Ah, Chakratirth Strand! Immer geradeaus“, erklärt er. Zufrieden fahren wir weiter und sind bald am Strand angekommen. Endlich! Wir sind am Meer! Wir finden ein einigermaßen geschütztes Plätzchen neben der Straße, direkt gegenüber vom Strand. „Morgen gehen wir schwimmen“, murmelt Michael noch, bevor wir endlich einschlafen.

Die Insel Diu im arabischen Meer! Für uns die Erfüllung eines Traumes. Wir haben uns mittlerweile super mit Izzy arrangiert. Sie macht sich extrem nützlich. Gomolf kann sie morgens wecken, wenn er muss. Zum Glück verstehen sich die beiden sehr gut und sie erbarmt sich meist schon nach dem zweiten

Hundekuss und macht ihm die Tür auf. Das bringt uns noch eine extra Portion Schlaf, wofür wir sehr dankbar sind. „Hey, hier bleiben wir erst einmal eine Weile!“, sagt Michael zu mir, als wir unsere Aufwach-Minute alleine genießen. Er macht das Dachfenster auf und wir können das Meer sehen und hören: Ein Traum! Jetzt hält uns nichts mehr in unseren Betten: Da wollen wir rein! Wir schnappen unsere Badesachen und schon sind wir auf dem Weg in das salzige Nass. Morgens gleich nach dem Aufstehen ins Meer springen: Das ist pure Lebenslust und Energie! Auf dem Weg zum Meer werden wir von Gomolf erblickt, er stürmt freudig auf uns zu. Er liebt den Strand und springt ausgelassen herum, so dass der Sand in alle Richtungen spritzt. Doch was ist das – Herrli und Frauli rennen ins Wasser! Was soll ich kleiner Hund allein am Strand machen? Mit ins Wasser...? Aber... da wird ein altes Trauma wach: Als Gomolf ein zwei Monate altes Welpen war, haben wir ihn an die Adriaküste mitgenommen und sind dort Schwimmen gegangen. Das naive Fellknäuel ist uns einfach ins Wasser gefolgt und wurde dann gleich von der nächsten Welle überspült. Seitdem hat er eine gewisse Abneigung gegen große Ansammlungen von Wasser, wie es hier der Fall ist. Doch Herrli und Frauli schwimmen ohne Gnade immer weiter raus. Jetzt winken sie auch noch und rufen 'Gooooomolf, komm hiiiiiiiierher zu uns!' Okay – jetzt oder nie!

So kam es, dass unser Hund zum Schwimmer wurde. Von diesem Morgen an gehen wir jeden Tag mehrmals an unserem Privatstrand schwimmen. Anfangs müssen wir Gomolf noch überreden, uns zu begleiten. Aber einmal im Wasser schwimmt er super mit, und die Kunst besteht darin, ihm auszuweichen. Im offenen Meer hat er keinen Punkt in der Ferne, den er fixieren und auf den er zuschwimmen kann. Folglich schwimmt er immer auf unsere Köpfe zu. Wenn er bei uns ist, besteht die Schwierigkeit darin, den paddelnden Pfoten auszuweichen.

Gomolf muss natürlich in Bewegung bleiben um nicht unterzugehen, so kratzt er uns ständig unabsichtlich beim Schwimmen mit seinen Krallen. Aber wir lernen bald, damit umzugehen. Gomolf hat sichtlich Vergnügen beim Schwimmen und im Laufe der Wochen, die wir auf Diu verbringen, kehrt er den Spieß einfach um: Er überredet uns dazu, mit ihm schwimmen zu gehen. Alleine will er nicht, das ist zu weit. Stattdessen wird er unruhig und nervös und schaut sehnsüchtig auf das kühle Wasser. Er sieht uns auffordernd an und quietscht. Leise aber nachdrücklich. Er hört nicht auf, bis einer von uns seine Badesachen anzieht und mit ihm den Strand runtergeht. Und dann ab in die Fluten! Nach einer halben Stunde im Wasser ist Gomolf erschöpft und liegt zufrieden im Sand. Darüber liegt Herrli in der Hängematte und liest ein Buch. Das ist ein Leben!

Am zweiten Tag nach unserer Ankunft treffen wir zwei Pärchen, die ebenfalls über Land mit ihren riesigen 4x4 Unimog-Wohnmobilen hierher gefahren sind. Wir sind hin und weg. Die vier sind die ersten Menschen, die wir treffen und die auch mit ihrem Fahrzeug so weit gekommen sind. Und noch viel weiter: Debby und Benny, beide blond und aus Holland, sind seit über zwei Jahren unterwegs und verbringen ihre Zeit abwechselnd in Indien und Nepal. Sie haben einen belgischen Schäferhund und einen Husky dabei, die sich gleich mit Gomolf anfreunden. Das andere Pärchen, Bup und Mira aus Belgien, ist offensichtlich noch länger auf Reisen. Beide tragen lange verfilzte Dreadlocks und selbstgeschneiderte Kleidung. Sie sind nicht allein: Mira kommt mit einem Säugling auf dem Arm aus ihrem Truck und Bup hat ein kleines Mädchen an der Hand. Außerdem haben sie noch zwei Hunde aus Indien und eine weiße Ratte an Bord. Die beiden sind seit fünf Jahren mit ihrem riesigen, lilafarbenen Unimog unterwegs. Neugierig fragen wir nach den Kindern. „Unser kleiner Sohn heißt Ram, ich habe ihn an einem Strand in Indien bekommen. Und das ist Ulla, sie ist schon drei und auch in Indien geboren", erklärt Mira. – „Dann haben wir noch zwei Hunde, eine gewollte und ein paar ungewollte Ratten!" lacht Bup.

Unsere neuen Freunde kommen gerade aus Goa, doch dort ist es ihnen zu heiß geworden. Auf dem Weg nach Nepal haben sie beschlossen, in Diu eine Weile Zwischenstation zu machen. Auch wir wollen von der ewigen Fahrerei nichts mehr wissen und so richten wir uns gemeinsam mit den anderen ein gemütliches Plätzchen ein. Wir parken neben der Straße direkt an einem sauberen Strand. Oben stehen ein paar Palmen, an denen wir unsere Hängematten und Wäscheleinen aufhängen. Wir haben offenen Blick aufs Meer und können morgens am Strand frühstücken. Wir baden jeden Tag und lassen uns von den Wellen an den Sand spülen. An Tagen mit Ebbe lohnt sich ein Rundgang auf dem Schlick, es gibt interessante Sachen zu finden. Eines Tages kommt Michael von einem Spaziergang mit einer Urne aus Ton zurück, die am Strand angespült wurde.

Izzy bleibt noch etwas über eine Woche mit uns in Diu, dann muss sie weiterziehen. Ihre Indien-Reise nähert sich dem Ende und bevor sie heimfliegt, will sie unbedingt noch Varanasi sehen. Wir sind traurig als wir sie zum Abschied umarmen, doch es ist auch schön, dass der Bruti wieder uns alleine gehört.

Die Einzigen, denen unser häusliches Gebaren an unserem neu gegründeten Campingplatz nicht gefällt, sind die Polizisten von Diu. Alle paar Tage stattet uns ein anderer Beamter einen Besuch ab und will uns unter irgendeinem Vorwand wegschicken. Erst erklären sie uns, wir würden die Straße blockieren. Wir antworten, es sei doch ein Parkplatz hier, da keine Begrenzungssteine am Rand der Straße sind. Er zieht davon. Später heißt es, hier sei zwar ein Parkplatz, aber der gehöre zu dem muslimischen Bestattungsinstitut gegenüber. Der Aufseher von dort würde nicht wollen, dass wir hier parken. Wir hingegen haben uns schon lange vorher mit dem Mann angefreundet und beziehen auch unser Wasser von ihm: Er hat einen großen Bassin mit sauberem Wasser und erlaubt uns, mit Kanistern von dort welches zu schöpfen. Jedenfalls funktioniert auch dieses Argument der Polizei nicht. Sie kommen noch einmal und erklären uns, dass wir schlechte Touristen seien und hier weg gehen sollen. Sie werden immer unfreundlicher, einige versuchen, uns ein Bakschisch abzuschwatzen. Wir zeigen uns uneinsichtig, wollen den Platz nicht räumen und zahlen auch kein Schmiergeld. Für was auch? Wir tun nichts verbotenes und stören niemanden. Als sie sehen, dass bei uns nichts zu holen ist, lassen sie sich lange nicht mehr blicken. Bis sie nach einiger Zeit mit dem Polizeichef wieder ankommen und verkünden, sie müssten uns jetzt mitnehmen, alle drei Männer – die Frauen können hier bleiben. „Wir müssen eure Personalien registrieren, denn normalerweise wird das in den Hotels gemacht", erklären sie.

Unsere Männer gehorchen und fahren im vergitterten Polizeifahrzeug mit. Nach der Erfassung aller Personalien steht eine Überraschung auf dem Programm: Sie treffen den Präsidenten von Diu und Daman. Der erzählt ihnen bei einer kleinen Ansprache, dass er unsere Art hier zu verweilen sehr schätzt und das gerne weiter ausbauen würde. Er will wissen, was uns an einem Overlander Campingplatz wichtig wäre und wie er möglichst viele weitere Gäste mit Wohnwägen auf die Insel locken könnte. Er verspricht Verbesserungen an unserem Lagerplatz. Unsere Männer sind einigermaßen sprachlos. Vom verhassten Ungeziefer am Strand zu den Vorreitern eines Campingplatzes für internationale Touristen. Sogar die Zeitung ist da, die Männer bekommen Informationsmappen vom Touristenbüro Diu, es wird ein Foto geschossen und dann dürfen sie gehen. Der Artikel erscheint tatsächlich in der Zeitung und wir bekommen ein Exemplar davon.

Von diesem Tag an bekommen wir keine Besuche mehr von Polizisten, die uns wegschicken wollen. Stattdessen mehren sich – vor allem an Wochenenden – die Besuche von indischen Touristen. Viele besser gestellte Inder aus Gujarat machen Kurzurlaub in Diu. Sie ziehen mit ein paar Bieren an den Strand, doch schwimmen können die Wenigsten. Die Leute planschen mit ihrer kompletten Kleidung im seichten Wasser herum und lassen sich von den Wellen an den Strand spülen. Ansonsten sammeln sie sich gerne um unser Lager, denn sie möchten uns kennen lernen, Fotos mit uns machen, ihr Englisch an uns testen und uns ausgiebig beobachten. Irgendwann erzählt uns einer, dass von Rajkot aus Touren organisiert werden, um uns in Diu zu besichtigen. Wir sind ein wenig irritiert, wenn auch nicht wirklich überrascht. Wir arrangieren uns ganz gut mit unseren Fans. Nur an Gomolf müssen sie erst vorbei. Wir haben ihm schnell beigebracht, unseren Platz zu beschützen und Menschen, die sich schnell nähern, erst mal auf Abstand zu halten. Die Leute sollen uns wenigstens ansprechen und fragen, bevor sie direkt zu uns marschieren. Als ein Inder zielstrebig auf Michael zugeht, der in der Hängematte döst, tut Gomolf das Richtige: Er spring auf und bellt den Mann an. Der erschrickt dermaßen, dass er rückwärts strauchelt und in den Sand fällt: Er hat die blanke Panik in den Augen. Als er sich gefangen hat und Michael erregt ansieht, erklärt der ihm ruhig, dass er nicht einfach ohne Vorwarnung so nahe kommen dürfe. So nimmt sich unser Besucher zusammen und fragt höflich, denn er will unbedingt Michaels Hand schütteln.

Auch unsere Nachbarn kennen das Phänomen des beobachtenden Inders, der meist in Gruppen auftritt und kein Gefühl für Privatsphäre an den Tag legt. Besonders Bup und

Mira mit ihren süßen, blonden Kindern sind extrem interessant. Ich beobachte, wie Bup mit seiner Tochter Ulla am Strand spielt. Sie bauen eine Sandburg. Nach etwa fünf Minuten kommt ein Grüppchen Inder vorbei. Interessiert umrunden sie Bup und Ulla und beobachten neugierig ihr Treiben. Sie machen Fotos von dem blonden Kind und fragen Bup woher er kommt und wie er heißt. Sie rutschen immer näher zusammen, bis sie in einem dichten Kreis um sie stehen. Bup unternimmt nichts sondern baut weiter unbeirrt mit Ulla an der Sandburg. Die Inder gehen erst weg als die Burg fertig ist. Später muss ich ihn fragen: „Hey Bup, wie kommtst Du damit klar dass die Leute immer kommen um Euch anzusehen?“ – „Na ja...“, lacht er, „das ist schon manchmal schwierig. Vor allem mit den Kleinen. Die Leute wollen unbedingt die Kinder anfassen. Früher als Ulla noch klein war haben wir sie mal aus der Hand gegeben. Wir waren von einer Menschenmenge umringt und alle wollten Ulla halten. Mira hat sie jemandem gegeben, aber das war ein Fehler. Alle haben sich auf das Kind gestürzt und sie wurde immer weitergereicht, immer weiter weg von uns. Wir haben echt Panik gekriegt, aber wir haben sie natürlich wiederbekommen. Seitdem geben wir die Kinder niemandem mehr. Und ich habe gelernt, dass es mehr Energie kostet, die Leute immer wegzuschicken, als sich mit ihnen zu arrangieren. Aber leicht ist es nicht.“

Wir nutzen die Zeit, um unseren Bus wieder auf Vordermann zu bringen. Ein Kugellager im Antrieb wurde bei einem Stoß in Pakistan verformt und muss getauscht werden. Als wir es ausbauen wollen, kommt uns eine handvoll Eisenspäne entgegengebröselt – mehr ist von dem Lager nicht übrig. Ein findiger Mechaniker baut das Ersatzteil eines indischen Lastwagens ein. Dafür sind zwar einige Hammerschläge nötig, denn es passt nicht genau – aber das sieht man hierzulande nicht so eng. „Hauptsache, unser Bruti funktioniert wieder“, denken auch wir und fahren gutgelaunt zu unseren Freunden zurück, die uns zur erfolgreichen Mission beglückwünschen. Darauf erst mal ein Bier! Michael geht beschwingt am Bus vorbei, doch da stößt er mit der Bierflasche ans Beifahrerfenster – KRACKS – und es zersplittert in unzählige, winzige Scherben, die überall auf den Boden regnen. Die Flasche dagegen bleibt heil – ein kleiner Trost.

Benny weiß Rat, er hat noch ein Campingfenster dabei, das er uns schenkt. Es ist ein bisschen zu klein – aber besser als gar nichts. Michael klebt das fehlende Stück kurzerhand mit zerschnittenen Wasserflaschen an – besser als nichts.

In dem kleinen Zentrum von Diu haben wir schnell unsere Lieblingsgeschäfte auserkoren. Wir haben eine Stamm-Milchshakebar, bei der wir oft auf ein *Lassi (Joghurtgetränk)* ohne Zucker und einen Vanille-Milchshake anhalten. Gomolf darf auch mit rein, er liebt die Klimaanlage. Nur die Sache mit dem Lassi ohne Zucker ist nicht so ganz einfach und fordert immer etwas Überzeugungsarbeit, doch mittlerweile kennen sie uns. Er bringt mein Lassi auch ohne Zucker – dafür ist der Joghurt heute nicht frisch, er ist sauer geworden. „Hey, das ist schlecht, das kann ich nicht trinken. Das schmeckt sauer", reklamiere ich mein Getränk. Der Kellner holt es ab und bringt es wenig später wieder. Es ist dasselbe Lassi, diesmal mit Zucker. Ich gebe es für heute auf und wir ziehen weiter.

Am Marktplatz ist noch mehr los als sonst. Es liegen große Kleiderberge am Boden, die Ware wird von zahlreichen Verkäufern angeboten und es herrscht reger Betrieb. Als wir näher kommen, fällt uns auf, dass es keine indische Kleidung ist, die hier verkauft wird. „Weißt Du, wie die Klamotten für mich aussehen? Als wären sie von unseren Altkleidercontainern", sage ich zu Michael. – „Das sieht nicht nur so aus, das ist auch so“, versichert er mir. – „Ich dachte immer, die werden gespendet...“, antworte ich. Michael lacht und gibt mir einen Kuss. – „Nein, Schnuck, das ist ein weit verbreiteter Irrglaube. Die einzigen, Kleiderspender sind die Menschen, die sie in die Container werfen. Ansonsten ist das ein Riesengeschäft, Du siehst es ja. Das ist in Afrika dasselbe.“

## Nachwuchs

Es ist sehr heiß als wir uns langsam auf den Rückweg machen. Bei J. Shankar, einem Guesthouse in dem wir schon ab und zu gegessen hatten, versammelt sich wie immer eine Meute halbstarker Hunde, die uns im Chor anbellen. Gomolf sieht das mittlerweile sehr gelassen, da sich sowieso keiner näher an ihn heran traut. Doch weiter hinten bei dem Kinderspielplatz sehen wir ein paar ganz junge Hunde herumlaufen, die wir davor noch nie gesehen hatten. „Schau mal, da vorne sind ganz kleine Welpen... komm, da will ich hin!“ rufe ich. Michael schwant nichts Gutes, trotzdem folgt er mir Richtung Strand. Ich versuche, eines der Kleinen zu fangen, doch sie rennen erschrocken weg und verstecken sich. In der großen Steinmauer am Strand ist ein Loch, in das sich zwei Welpen verkriechen. Kurzerhand greife ich hinein und bekomme eine Pfote zu fassen. Im Nachhinein überrascht es mich selbst, dass mich keiner der Hunde gebissen hat, aber sie ließen sich beide einfach so aus dem Loch herausziehen. Es ist ein schwarzes und ein weißes Welpen. Ich bringe die beiden zu Michael und setze sie auf seinen Schoß. „Sind die nicht putzig?“ – „Hm. Kleine Flohbeutler sind das.“ – „Nein, die sind doch recht fit. Weißt Du noch die, die wir in Amritsar gesehen haben? Auf denen hat es nur noch gekreucht und gefleucht, aber die hier sehen gut aus. Hey, das wär doch cool, ein kleiner Spielgefährte für den Gomolf.“ Weiter hinten sehen wir die Mutter der Kleinen. Sie ist verstört und aggressiv und quittiert jede Regung in ihrer Umgebung mit Knurren und lautem Bellen. Der klassische indische Straßenhund. Ein anderes ihrer Welpen versucht, an sie und ihre Milch heranzukommen, doch die Mutter knurrt und keift bis sich das Kleine mit eingekniffenem Schwanz zum Strand verzieht. Es ist schwarz und noch kleiner und dürrer als die anderen zwei. „Schau mal, wenn dann musst Du dieses nehmen“, sagt Michael. Gomolf kommt mit, als ich es fangen will. Die beiden schnüffeln sich kurz an und wedeln beide mit dem Schwanz. Als das Hundebaby mich sieht, ergreift es die Flucht in Richtung Mauer. Es verkriecht sich wie die anderen in dem Loch. Ich muss meinen Arm ganz lang machen um ranzukommen aber es klappt. An der Hinterpfote ziehe ich das Hündchen aus dem Loch. Es beißt mich nicht sondern legt nur die Ohren an, als ich es zu Michael bringe. „Na ja... Du musst es wissen“, sagt er zu mir. – „Ja, ich will es mitnehmen!“ entscheide ich. – „Wir müssen aber erst mal sehen ob es schon feste Nahrung zu sich nehmen kann und ob es überhaupt durchkommt“, sagt Michael, „ansonsten müssen wir es zurückbringen.

So geschah es dass unsere Familie um ein Mitglied erweitert wurde. Die kleine Diu – ein Weibchen – ist heute proper, kerngesund und liebt ihren großen Bruder Gomolf. Obwohl sie damals nur etwa vier Wochen alt war, ist sie für immer vom Strandhund-Dasein geprägt. Vor allem ist sie sehr freiheitsliebend und immer auf der Suche nach Nahrung. Sie hat uns schon viele Nerven gekostet aber wir lieben sie.

Am Abend koche ich das Wasser für unsere Nudeln, da ist es dann auf einmal soweit: Unsere Gasflasche ist fast leer. Mist, das befürchten wir schon länger. Wir haben noch eine kleine in Reserve, doch früher oder später müssen wir uns darum kümmern. Unsere Nachbarn erzählen uns wenig ermutigendes:

„Das Problem sind die verschiedenen Anschlussgewinde. Hier gibt es schon Gasflaschen aber die sind ganz anders als die europäischen“, erklärt uns Benny. – „Können wir nicht irgendwo eine volle indische Flasche kaufen?“, wollen wir wissen. – „Normalerweise nicht, ihr könnt nur eine Leere gegen eine Volle tauschen“, ist die ernüchternde Antwort von Bup. – „Habt Ihr eine indische Flasche? frage ich ihn. – „Ja, ich habe meine aus Goa. Na ja, ich habe ewig gesucht und keine bekommen. Und die stand eines Tages ganz unbeaufsichtigt herum, da habe ich sie einfach mitgenommen. Man kann keine kaufen“, erklärt Bup. – „Hm“, überlegt Michael, „vielleicht können wir ja unsere auf dem Festland irgendwo auffüllen lassen. In Una, der nächsten größeren Stadt zum Beispiel.“ – „Ich kann Euch meine indische Gasflasche mitgeben“, meint Bup, „damit könnt ihr zeigen was ihr braucht.“
Wir sehen uns ratlos an. „Wir sollten morgen nach Una fahren und es versuchen“, schlägt Michael vor. – „Einverstanden“, stimme ich zu.

So kommt es, dass wir am nächsten Vormittag mit einer neuen Mission unterwegs sind: Wir brauchen Gas. Mit beiden Hunden und Bups Flasche im Gepäck machen wir uns auf den Weg nach Una. Einige Fragen, verwirrte Blicke und Handzeichen später haben wir einen Gasflaschen-Shop gefunden. Michael hält an und wir steigen aus. Im Halbdunkel des Shops können wir einige Gesichter ausmachen, die uns überrascht ansehen. Bups Flasche ist gegen ein paar Rupies schnell getauscht, aber ist es auch möglich unsere aufzufüllen? Ich versuche alles, um den Männern hier klar zu machen, was wir brauchen. Zunächst ernte ich nur müdes Kopfschütteln, doch ich bleibe hartnäckig. Endlich bequemt sich einer der Männer mitzugehen, um sich mal anzusehen was die weiße Frau wohl meint. Die kleine Diu ist mir in den Shop nachgelaufen und stöbert neugierig zwischen den Beinen der Leute herum. Der Mann, der mich

begleitet tritt angewidert nach ihr als er herausgeht. „Hey, das ist doch kein Monster!“ sage ich ärgerlich und nehme den kleinen Hund auf den Arm. Ich ernte nur einen verständnislosen Blick.
Michael steht schon mit unserer Gasflasche parat. „Na, wie sieht's aus mit den Jungs?“fragt er mich auf Deutsch als der Mann unseren Anschluss inspiziert. – „Schwierig“, antworte ich, „die kommen mir alle ziemlich benebelt vor. Vielleicht zu viel Gas erwischt.“ Der Inder hat unsere Flasche inzwischen fertig begutachtet. Wir sehen ihn erwartungsvoll an. „Nicht möglich“, verkündet er schließlich und will sich abwenden. – „Hey, warte“, sagt Michael, „wo füllt ihr denn eure Flaschen auf? Ich habe Adapter, vielleicht gibt es da eine Möglichkeit.“ Der Mann überlegt und sieht ratlos seine Kollegen an, die sich mittlerweile auch draußen eingefunden haben, um uns zuzusehen. Da geht einem von ihnen ein Licht auf. Er diskutiert eine Weile mit den anderen, dann zückt er sein Handy und führt ein kurzes Gespräch. Er bedeutet uns zu warten.
Nach zwanzig Minuten taucht ein Mann auf einem Moped auf. Er spricht fast kein Englisch und stellt sich mit 'Saif' vor. Er versteht sofort, was wir möchten. Wir zeigen ihm unsere Flasche und die Adapter, die wir haben. Er überlegt eine Weile und entscheidet dann. „Kommt mit, ich werde es versuchen.“
Er fährt mit dem Moped voraus und wir folgen ihm. Es ist anstrengend, da er uns im Gewühl des indischen Verkehrs immer wieder aus den Augen gerät. „Hey Mann, ich fahr hier vier Tonnen spazieren und er schlängelt sich mit seinem Moped durch – ohne Rücksicht auf uns“, schimpft Michael. Als wir um die nächste Ecke biegen, hören wir plötzlich einen lauten Knall: Kinder bewerfen den Bus mit Steinen. Diesmal ist zwar nichts kaputt gegangen – ärgerlich sind wir trotzdem.

Langsam verändert sich die Kleidung der Leute. Wir sehen keine Turbane mehr, dafür Frauen mit Kopftüchern: Das muslimische Viertel der Stadt. Wir halten vor einem großen Wohnblock und Saif bedeutet uns, mitsamt der Gasflasche mitzukommen. Schon als wir das Treppenhaus betreten, strömt uns ein wohlbekannter Geruch in die Nase: Gas. Als wir Saifs Wohnung betreten, nimmt der Gasgeruch noch mehr zu. In seinem Arbeitszimmer findet sich eine bunte Ansammlung aus leeren Spraydosen, alten Autobatterien, einem Kühlschrank, vielen Kisten mit Schläuchen, Adaptern und allen möglichen Schrauben. Sein Hauptgeschäft besteht darin, alte Spraydosen aller Art mit Gas zu befüllen. Die kann er dann als Feuerzeug-Gas verkaufen. Für diesen Zweck sammelt er alle leeren Haarspray- Farb- und sonstige Spraydosen. Doch unser Auftrag ist etwas spezieller. Er beginnt zu basteln und versucht, eine große indische Gasflasche mit unserer zu verbinden. Nicht so ganz einfach, da die Gewinde untereinander nicht passen. Der Verbindungsschlauch geht immer wieder ab, mit lautem Zischen verströmt er flatternd jede Menge Gas, bevor Saif ihn wieder unter Kontrolle bringt und das Ventil schließen kann. Mit jedem weiteren Versuch wird die Luft immer gashaltiger. Saifs unbekümmerte Art macht uns nervlich zu schaffen, doch er zeigt zumindest ein wenig Risikobewusstsein: „Nicht rauchen hier, bitte", warnt er uns.

Es kommen immer mehr neugierige Leute herein, die zusehen wollen, vor allem Kinder. Im Nebenzimmer wird von den Frauen auf offener Flamme Tee gekocht und Michael gibt zu bedenken, dass die Kombination vielleicht nicht optimal ist. „Schließt die Tür", ruft Saif den Frauen daraufhin zu. Auch die Kinder schickt er raus, er hat keine Nerven mehr für Zuschauer. Die indische Gasflasche ist schon halb leer und in unserer ist kaum mehr drin als zuvor. So wird eine neue Flasche bestellt. In der Wartezeit wird Tee serviert und weiter getüftelt. Nach langem Hin- und Her befestigt Michael den Campingadapter an unserer Flasche und den Schlauch mit einer Schelle.

Aufgeregt wühlt Saif in allen seinen Werkzeugkisten und findet einen ähnlichen Adapter für die indische Flasche. Jetzt sollte es funktionieren. Als die Gaslieferung ankommt, wird die neue Verbindung gleich getestet. Natürlich löst sich der Schlauch noch ein paar Mal aber schließlich kriegt Saif unsere Flasche zu fast drei Vierteln voll. Dann läuft er zu Höchstform auf. Er ordert noch etwas und lässt uns neugierig warten. Nach zwanzig Minuten kommt der Fahrer zurück: Er hat einen riesigen Eisblock dabei. Saif zerkleinert ihn und bedeckt unsere Gasflasche mit den Brocken: Er kühlt sie. Und tatsächlich, auf die Physik ist Verlass. Mit dieser Methode kann er unsere Flasche noch viel mehr befüllen. Am Ende befinden sich 13 kg Gas in unserer Flasche, die in Europa nur für 10 kg zugelassen ist. Das hat er mit so einfachen Mitteln gemacht – und ohne dabei das ganze Viertel in die Luft zu sprengen. Das imponiert uns wirklich. Beim Preis handeln wir nicht lange, da Saif sich wirklich sehr viel Mühe gemacht hat. Wir zahlen umgerechnet fünfzehn Euro – nicht gerade billig für Indien, aber wir sind sehr zufrieden.

Freudestrahlend fahren wir zurück nach Diu. Endlich sind wir wieder unabhängig. Auch bei unseren Nachbarn gibt es Neuigkeiten: Benny und Debby haben sich ein Fahrrad gekauft. Ein rotes, original indisches Mountainbike mit drei Gängen für etwa 70 Euro. Das Teil ist zwar reichlich schwer, doch wir erkennen das Potenzial der Anschaffung. „Hey, wir holen uns auch Fahrräder!" schlägt Michael vor. – „Das ist super, dann radeln wir morgens zusammen zum Markt!", antwortet Debby. „Aber ich will eins von den normalen Rädern, so wie es alle hier fahren. Die sind so richtig schöne alte Technik", sagt Michael. – „Aber wie willst Du die denn transportieren?" will ich wissen. – „Wir lassen uns einen Fahrradträger anschweißen", antwortet er. – „Aha, und wo machst Du den fest?" frage ich skeptisch. – „An unserer Anhängerkupplung,

die benutzen wir sowieso nicht“, erwidert Michael.
So entstand ein neuer Plan. Wenige Tage später fahren wir erneut nach Una. Nach einigem Suchen finden wir eine Werkstatt, in der es ein Schweißgerät gibt. Michael führt einen kleinen Tanz auf um zu erklären, was wir wollen. Die Männer verstehen sich fast ohne Worte. Auf der Suche nach passendem Material zeigen die Arbeiter ihm ein altes Bettgestell aus Eisen. Ja, das ist es! Kurzerhand wird das Bett mit einem großen Trennschleifer in passende Einzelteile zerlegt. Das ist für die Querverstrebung. Als Rahmen kommen fünf-Zentimeter dicke Wasserrohre zum Einsatz.
Nach etwa zwei Stunden ist das Werk vollendet: Ein Träger für zwei Fahrräder mit abschließbarem Bügel. Unten findet sogar noch unser Reservekanister Platz, Michael hat eigens ein Gitter dafür anfertigen lassen.
„Er ist fertig zum Testen“, ruft er mir zu. Wir stellen uns zusammen auf den Fahrradträger. Nach einigem Wippen kracht schon die erste Schweißnaht. „Da musst Du nochmal ran“, erklärt Michael dem Schweisser. So setzt er erneut seine Sonnenbrille auf und arbeitet nochmal nach. Nach zwei weiteren Durchläufen ist es dann endlich geschafft: Das Konstrukt hält und wir trauen ihm zu, dass es zwei indische Fahrräder tragen kann. Wir zahlen etwa zwanzig Euro und machen uns gutgelaunt auf den Weg zum Fahrradhändler. Dort erstehen wir unsere Prachtstücke: Zwei brandneue Hero Bikes in blau und schwarz – mehr Auswahl gibt es sowieso nicht. Zwei echte Stahlrösser ohne technischen Firlefanz, dafür ein wahrer Lastwagen auf zwei Rädern. Nur ein Gang, kein Licht, aber Gestängebremsen. 17 Kilo schwer, doch das ist uns noch nicht genug. Wir wollen statt der normalen Ausstattung den stabilen Schwerlast-Gepäckträger und den massiven Doppelständer. Der Fahrradhändler zeigt wenig kaufmännisches Engagement: „Lasst es so wie es ist, ganz simpel, das ist am Besten“, will er abwinken. Ein Händler, der

kein Geschäft machen will? Wir müssen ihm noch ein wenig gut zureden, bis er schließlich einwilligt und auch den Umbau erledigt. „Jetzt sind sie richtig cool!“, stellen wir fest und drehen noch eine Proberunde. Alles ist in Ordnung, wir zahlen dem Händler 80 Euro und hieven die Räder auf unseren Träger. „Yeah, zwei indische Hero-Bikes!“ sagt Michael stolz und ich schlage ein. „So eins wollte ich schon immer haben!“
Zufrieden erreichen wir wieder unseren Lagerplatz.

Die kleine Diu hat sich mittlerweile gut eingewöhnt. Vor der Seitentür steht jetzt tagsüber immer Michaels Werkzeugkasten, da der Hund sonst nicht ins Auto springen kann – die Stufe ist ihr zu hoch. Sie lernt schnell. Wenn ihre Extra-Treppe nicht bereit steht, macht sie sich flehend-quiekend bemerkbar. Anfangs hatten wir Angst, sie würde das fremde Trockenfutter verweigern, da sie vermutlich nur Essensabfälle gewohnt ist. So haben wir die Brocken mit Gemüse und Brot vermengt. Das hat sie aussortiert und nur das Hundefutter gefressen. Das es so einfach ist, hätten wir damals nicht gedacht, doch heute wundert mich das gar nicht mehr. Der Hund hat einfach einen siebten Sinn für alles, was nahrhaft ist.
Diu hat nie versucht wegzulaufen, obwohl wir sie nicht angebunden haben. Anfangs hat sie sich aus Angst vor Gomolf unter dem Bruti versteckt und kaum heraus getraut. Doch schon nach ein paar Tagen spielten die beiden miteinander. Gomolf stupst das kleine Knäuel durch den Sand, sie ist gerade so groß wie sein Kopf. Manchmal spielen sie so stürmisch dass wir erstaunt sind, dass der riesige Hund dem Kleinen nicht ernsthaft weh tut. Er wirft sie um, springt über sie und knurrt. Wenn sie versucht aufzustehen, wirft er sie gleich wieder um. Sie liegt da und strampelt mit den Beinen. Er schnappt nach ihren Pfötchen und nimmt auch mal ihren ganzen Kopf ins Maul. Das macht er so lange bis sie quiekt, dann springt er weg und sie hat wieder eine Chance, aufzustehen. Wir könnten

stundenlang zusehen. Als wir Diu zum Schwimmen mitnehmen, läuft es erst gut. Sie hat keine Angst und paddelt tapfer auf uns zu. Doch dann kommt Gomolf. Er schwimmt direkt auf sie zu und – blubb – taucht den kleinen Hund mit einem Prankenhieb unter. Seitdem schwimmt sie immer zielstrebig aufs Ufer zu, wenn wir sie ins Wasser setzen. Dort wartet sie dann, bis wir aus dem Meer kommen. Was soll's, auch unser erster Hund hat sein Wasser-Trauma überwunden.

Heute morgen haben wir dem Bus einen kleinen Frühjahrsputz spendiert – nicht ganz einfach, denn wir haben ungünstigerweise einen Teppichboden. Wir reiben uns extra den Sand von den Füßen bevor wir einsteigen. Doch noch bevor wir es verhindern können, springen die beiden mit Sand panierten Hunde in den Bruti. Na toll. „Jetzt reicht es mir mit dem blöden Teppich“, knurre ich wütend, nachdem ich die Hunde heraus kommandiert habe. „Morgen machen wir einen neuen Boden rein!“, entschließt Michael kurzerhand.

Dieser Plan sollte uns mit einem Mann bekannt machen, der für uns zum Paradebeispiel für indische Arbeitseinstellung und Motivation wird: Der Teppichschnitzler von Una. Er arbeitet in einem Geschäft für Bodenbeläge und hat sich schnell bereit erklärt, unser Problem zu lösen. „Ich kann Euch den Boden auch reinlegen“, sagt er nach einer Besichtigung unseres Wohnzimmers. – „Okay, aber Du musst erst den Teppich raus machen“, antwortet Michael. – „Nein nein, das geht nicht, der ist festgeklebt. Wir legen den Boden einfach auf den Teppich drauf, kein Problem.“ – „Direkt auf den Teppich?“ fragt Michael überrascht. „Aber dann müssen wir ihn vorher wenigstens saubermachen“, werfe ich ein. – „Nein nein, das geht so auch“, versichert der Mann.

Am nächsten Tag kommen wir wieder. In Eigenarbeit haben

wir den ganzen Teppich herausgerissen und den Kleber mit der Spachtel weggekratzt. „So, jetzt kannst Du den Boden reinlegen“, sagen wir zu unserem Teppichschnitzler. Er ist sichtlich überrascht, macht sich aber gleich an die Arbeit. Michael hat ihm mehrfach eingeschärft, dass er es richtig gut machen soll, vor allem an den Ecken und Fugen. „Natürlich, ich mache es sehr schön für Euch“, verspricht er uns. Eifrig schneidet er die schwarzen Kunststoffmatten zurecht, die wir uns ausgesucht haben. Als er uns nach einer halben Stunde das Ergebnis seiner Arbeit präsentiert, sind wir alles andere als zufrieden. Zwischen den Matten klaffen Fugen von bis zu einem Zentimeter und an den Ecken der Schränke sind große Löcher im Boden. Als Michael von ihm verlangt, nachzuarbeiten, füllt er die Lücken lustlos mit kleineren Schnipseln auf. Das sieht dann am Ende noch schlimmer aus als davor. Jetzt haben wir genug. „Ich mache das selber“, verkündet Michael grimmig. Wir bezahlen den Preis ohne Besonders-schön-Bonus und nehmen noch etwas von dem verschnittenen Material mit. „Sagt Euren Freunden nicht, wie viel ihr bezahlt habt“, ruft uns der Mann noch nach.

Zurück bei unserem Lager stellen wir noch fest, dass er den kompletten Bereich unter der Kühlschranktüre ausgespart hat. Kopfschüttelnd macht sich Michael an die Arbeit, so dass wir am Ende doch wieder einen sehr schönen Boden haben. Und das Beste: Wir können ihn einfach abkehren.

Unser Overlander-Campingplatz hat sich mittlerweile auf vier Fahrzeuge erweitert. Hinter Bup und Miras lila Unimog steht seit ein paar Tagen ein roter Landrover. Er gehört André aus Dresden, der ist damit auf demselben Weg angereist wie wir. Er war mit seinem Freund unterwegs, doch der ist gerade auf einem Abstecher nach Thailand.
Ein paar Tage später machen sich Benny, Debby, Bup und Mira

samt Kindern und Tieren an den Aufbruch. Sie wollen gemeinsam nach Nepal fahren. „Es wird langsam zu heiß hier, vor allem für die Kinder", erklärt Mira. Sie werkelt mit Bup zwei Tage, um all ihr Hab und Gut in dem Bauch ihres Fahrzeugs unterzubringen. Als alle startklar sind, ist mir etwas weh ums Herz. Wir haben über einen Monat hier mit ihnen verbracht, quasi Stoßstange an Stoßstange. Wir alle haben uns lieb gewonnen und verabschieden uns herzlich. „Passt gut auf Euch auf!" rufen wir ihnen nach, während sie hupend davonfahren.

## Abschied aus dem Paradies

Es wird langsam ruhig an unserem Privatstrand und wir beginnen, uns nach etwas mehr Abwechslung zu sehnen: Wir wollen weiterreisen!

„Fast zwei Monate haben wir hier verbracht", schwelgt Michael an unserem letzten Abend. – „Ja, war eine echt schöne Zeit hier", antworte ich. – „Viele lustige Leute haben wir hier kennengelernt", sagt Michael. Lachend stimme ich zu. Und in der Tat: So abgelegen Diu auch sein mag, ständig wurden neue Leute aus aller Herren Länder angespült, die oft vor unseren Fahrzeugen verwundert stehenblieben und so mit uns ins Gespräch kamen. Sogar eine Frau aus unserer Gegend hat uns entdeckt: Neben unserem Bruti hielt sie an, stieg vom Fahrrad und warf uns in breitem Bayerisch zu: „Jetz muss ich es Euch mal sagen, ich bin auch aus Fürstenfeldbruck! Ich bin schon zwei Mal an Eurem Auto vorbeigefahren, aber jetzt musste ich das loswerden. Ich hab' Euer Nummernschild gesehen."
Wir haben hier auch Israelis, Engländer, Amerikaner, Franzosen, Koreaner, Russen und noch weitere Nationalitäten angetroffen. Wir hatten viele lustige, gesellige Abende mit den verschiedensten Menschen. Die Insel hat eine besondere Atmosphäre, an die wir immer gerne zurückdenken werden.

Bevor wir abreisen, statten wir unserem Tierarzt noch einen

Besuch ab. Diese Einrichtung ist staatlich und eigentlich für Ziegen- und Schafhirten gemacht. Unsere Hunde dürfen nicht in das Gebäude hinein, sie werden draußen untersucht. Vor Gomolf haben die Angestellten große Angst, der Arzt traute sich kaum, ihm eine Spritze zu geben.
Jedenfalls haben wir nun alle nötigen Stempel im Hunde-Impfpass. Es gibt hier sogar dieselben Medikamente und Impfstoffe wie in Deutschland – und das für einen Spottpreis. Zwei Euro haben wir für eine Tollwut-Impfung bezahlt.

Nun sind wir im Konvoi unterwegs: André mit seinem roten Landrover hat noch knapp zwei Wochen, bevor er das Auto nach Deutschland verschiffen und heimfliegen muss. Er hat beschlossen, uns Richtung Nepal zu begleiten. Wir lassen Diu mit einem wehmütigen Gefühl zurück. Zwei Monate haben wir hier verbracht, ein Drittel unserer ganzen Reise. Haben wir die Zeit hier verschwendet? Nein. Wir sind einfach länger an diesem schönen Ort geblieben als geplant. Unser neues Familienmitglied verkörpert für uns oft die schönen Erinnerungen an die Insel Diu.
Jetzt haben wir noch zehn Wochen, dann werden wir wieder in Deutschland sein. Doch erst einmal haben wir ein anderes Ziel vor Augen: Nepal! Angesichts der immer weiter steigenden Temperaturen haben wir sämtliche Pläne, weiter nach Süden zu fahren, verworfen. Und jetzt, als wir immer weiter ins Landesinnere fahren, wissen wir: Das war die richtige Entscheidung. Tagsüber sind es bis zu 55°C Grad im Bruti, auch nachts bleibt es sehr warm und stickig. Bei etwa 30°C Grad bekommen wir kaum ein Auge zu und wälzen uns unruhig in unseren Betten. Wir schlafen nackt und ohne Decke, selbst ein dünnes Tuch wäre schon zu viel. Irgendwann zwischen zwei und drei Uhr nachts kühlt es um ein paar Nuancen ab und wir können zumindest eindösen. Doch dann kommt die Absage an alle, die da schlafen wollten: Mücken! Sie dringen scharenweise

ein und fressen uns förmlich bei lebendigem Leibe. Es ist die eine echte Plage, da wir sowieso schon schwitzend im Bett liegen. Für eine erschlagene Mücke kommen fünf neue nach und machen uns rasend. Überall summt, krabbelt, beißt und juckt es. Ich werde bald verrückt und wünsche mir sehnlichst Diu und die süße Meeresbrise zurück. Um halb vier Uhr früh gebe ich auf, klettere aus meinem Bett und nehme eine kalte Dusche. Zum Glück hat der Bus eine Außendusche. Was für eine Erfrischung! Durch die Seife werden die Mücken eine Weile abgehalten. Sauber und etwas abgekühlt kann ich tatsächlich endlich einschlafen.

Unsere Fahrt nach Nepal wird zur Flucht vor der Hitze. Michael und André fahren den ganzen Tag viele lange Stunden. Dennoch nehmen wir uns die Zeit, die Wüstenstädte Udaipur, Puschkar und Jaipur zu besuchen. Alle drei sind bekannte Touristenzentren und so erleben wir ständig den krassen Wechsel zwischen dem großen Nirgendwo des ländlichen Indiens und den quirligen, bunten Städten, in denen wir viele weiße Gesichter sehen. Oft fahren wir viele Stunden durch die Berge der Wüste Tharr, eine sandige, staubige Landschaft, die gleichförmig an uns vorüberzieht. Wenn sich am Horizont die ersten Häuser erheben und den Beginn einer Siedlung ankündigen, ist es zunächst eine erfreuliche Abwechslung für die Augen. Doch kaum in der Stadt angekommen, sind wir schnell ernüchtert. Bei den einfachen Leuten vom Land sind Weiße eine Seltenheit, dort werden wir mit großer Neugier betrachtet. In den Städten dagegen stapeln sich Souvenir- Kleidungs- und Krimskrams-Shops neben Hotels, Tempeln, Restaurants und heiligen Sadhus. Fast die gesamte Infrastruktur hat nur einen Fokus: Touristen aus aller Welt. Hier werden wir ständig umworben: „Sucht Ihr ein Hotel? Möchtet Ihr meinen Shop ansehen? Viele schöne Handarbeit! Wollt Ihr Marihuana kaufen? Kommt und esst in meinem

Restaurant, es gibt europäische Gerichte! Willst Du ein T-Shirt kaufen? Nur 500 Rupies.“ Jeder spricht plötzlich englisch. Auf dem Land winken uns die Kinder fröhlich zu, manchmal bitten sie um Wasser oder einen Stift. Das geben wir ihnen gerne. In der Stadt kommen die Kinder und versuchen, uns etwas zu verkaufen oder Geld abzubetteln. Auf dem Land können wir gerade mal ein paar Grundnahrungsmittel auftreiben, die Auswahl ist knapp, Fleisch gibt es fast gar nicht. In den Städten dagegen der totale Überfluss. Wir sehen hunderte bunte Schilder an Restaurants prangen, die für Spaghetti, Burger und Pizza werben. In riesigen Supermärkten gibt es alles, was das Herz begehrt. Von Süßwaren bis Hundefutter, von Milchprodukten bis Wäschekörben, von Pfannen über Sandalen zu Partygeschirr... es ist ein richtiges Kaufhaus! Für uns ist das ideal, da wir so unseren Grundvorrat an Lebensmitteln aufstocken können. Das einzig Schlimme sind die Regale mit Importwaren, die hier zu horrenden Preisen angeboten werden. Mit glänzendem Blick und gierigen Augen betrachten wir Pringles-Chips für 5,50 Euro, kleine Nutella-Gläser für 8 Euro und das Sortiment Oliven, das erst bei 6 Euro anfängt. Wir sündigen ein kleines bisschen und investieren insbesondere in eine seltene Delikatesse: Salatessig. Es gibt sogar richtigen, dunklen Balsamico-Essig. Kostenpunkt: 7 Euro.

In Pushkar lernen wir ein Pärchen aus Österreich kennen, als sie unser Auto fotografieren wollen, Tina und Georg. Sie erzählen uns, dass sie eine 14-tägige Rundreise durch Indien machen, alles komplett organisiert. Sie werden jeden Tag von einem Fahrer abgeholt, zu sämtlichen Tempeln und Sehenswürdigkeiten gefahren und danach jeweils in die passenden Souvenir-Shops. Wenn sie etwas kaufen, bekommt ihr Fahrer Provision vom Händler. So geht es im Schweinsgalopp im klimatisierten Jeep von einer kunterbunten Stadt in die nächste, alles für 2300 Euro – ohne Flug. „Aber die

Unterkünfte sind auch mit dabei“, erzählen sie uns.

„Man braucht schon viel Zeit, wenn man das so machen will wie ihr“, überlegt Tina. – „Ja, wir hatten gar nicht die Zeit, um uns vorab lange mit dem Reiseland auseinander zu setzen. Deswegen haben wir so eine komplette Rundreise gebucht“, ergänzt Georg. Aber er wird auch nachdenklich: „Es ist schon oft anstrengend weil sie uns hier ziemlich hektisch durchs Land manövrieren. Jeden Tag werden wir von einem neuen Fahrer abgeholt, der mal mehr, mal weniger englisch spricht. Und wir sind völlig abhängig von ihm. Aber wie gesagt, was wollen wir in zwei Wochen schon machen? Das ist unser Urlaub für diesen Sommer.“
Wir verstehen uns super mit den Österreichern und tauschen lachend die besten Reiseanekdoten aus, bis es schließlich weit nach Mitternacht ist. Nach dem letzten Bier räumen wir schließlich unseren Platz, damit der Wirt endlich zumachen kann. Wir müssen nur fünfzehn Meter laufen, um zu unserem Bett zu kommen. Heute haben wir einen der besten Schlafplätze der ganzen Reise. Der Bruti steht vor dem Ghat (Zugang) zum Pushkari Lake, ein heiliger See mitten in der Stadt. Den ganzen Tag über strömen Inder zum Ghat, um sich mit dem heiligen Wasser reinzuwaschen. Es hat uns noch niemand weggeschickt, seitdem wir uns hier angesiedelt haben. Und tatsächlich: Es wird eine sehr ruhige Nacht. Ausgerechnet hier im pulsierenden Pushkar finden wir einen der friedlichsten Plätze. Indien erstaunt uns immer wieder.

Auf unserem Weg nach Nepal fahren wir durch die Stadt Agra, in der das sagenumwobene Taj Mahal steht. Wir überlegen nicht lange und fahren ohne Stop weiter. Die Entscheidung gegen das Taj Mahal haben wir schon in Diu getroffen. Wir machen nicht grundsätzlich einen großen Bogen um sämtliche Touristenattraktionen, aber was wir vom Taj Mahal gehört

haben ist uns einfach zu extrem. In unserem Fall beginnen die Probleme schon im Vorfeld: Wir bräuchten einen Parkplatz in der Nähe des Taj Mahal. Die Hunde dürfen nicht mitkommen, also können wir nicht in der prallen Sonne parken. Wenn das geschafft wäre, bleibt nur noch der Weg zum Mausoleum – zusammen mit bis zu dreitausend Besuchern täglich. Abgesehen davon gibt es dort ein Übermaß geschäftstüchtiger Inder, die in typischer „Hello-Mister-you-want-hotel-buy-T-Shirt-Souvenir-of-Taj-Mahal-very-cheap-only-for-you"– Manier genau auf Leute wie uns warten. Als Weißer zahlt man über zwanzig Euro Eintritt, Inder dagegen dürfen für etwa zwei Euro hinein. Das alles bei 45 Grad im Schatten. Ich erinnere mich an die Worte von Petra, einer Holländerin, die wir in Diu kennenlernten: „Am Besten Ihr kauft Euch eine Postkarte vom Taj Mahal und seht sie Euch genau an. Das reicht völlig. Wir haben es gesehen und würden nie wieder hinfahren. Es ist einfach Stress pur."
Wenn es nach dem Künstler Edward Lear ginge, haben wir damit unsere Chance verspielt, zur anderen Klasse der Erdbewohner zu wechseln. Er erklärte nämlich schon 1874: "Die Bewohner dieser Erde seien fortan in zwei Klassen unterteilt – diejenigen, die das Taj Mahal gesehen haben, und diejenigen, die es nicht gesehen haben."
Aber sei es wie es ist, es fühlt sich nicht so an, als hätten wir etwas versäumt. Von Agra sehen wir nur den Stadtrand, der genauso unattraktiv ist wie bei tausenden anderen indischen Ansiedlungen: Bretterbuden, offene, stinkende Abwasserkanäle, mehrspurige Straßen mit dichtem Verkehr. Wir behalten unseren Kurs gen Nepal bei und fahren immer weiter, stundenlang, tagelang. Es ist extrem heiß und kühlt nachts immer noch kaum ab. Auch den Einheimischen hier macht die Hitze sehr zu schaffen. Abends sehen wir, wie sie ihre Betten vor die Häuser zerren. Sie schlafen unter freiem Himmel in der Hoffnung auf ein Lüftchen, dass die

Temperaturen erträglicher macht. Michael schläft längst unten auf dem Klappbett, zu zweit nebeneinander wäre es oben nicht auszuhalten. Alle Türen und Fenster sind offen. Wir haben keine Angst, da wir wissen, dass Gomolf und Diu jeden Besucher schon von Weitem hören. Auch allein schwitze ich mächtig in der niedrigen Bettniesche oben. Die Mücken kommen pünktlich gegen halb drei Uhr morgens und legen den gewohnten Blutdurst an den Tag. Mittlerweile bin ich etwas schlauer und benutze das Moskitonetz, dass wir extra für die obere Schlafkabine angefertigt haben. Wenn er es nicht mehr aushält, kommt Michael in mein weitgehend mückenfreies Nest gekrochen, schweißgebadet und völlig entnervt. Mit einem Blick aufs Thermometer wälzt er sich stöhnend zur Seite: 33°C Grad. Keine Chance um einzuschlafen!

Stellenweise ist es abends sehr schwierig, einen Schlafplatz zu finden, auf dem neben Bruti noch Andrés Landrover Platz findet. Es gibt nur wenig Ausfahrten und die sind oft für uns schwer zu bewältigen: da wird es steinig und bergig, schmale Pfade winden sich irgendwohin. Für den Jeep kein Problem. So suchen die Männer in Teamwork: Ich warte beim Bus am Straßenrand, während die beiden Männer einen vielversprechenden Seitenweg einschlagen. Michael muss genau schauen, ob er mit Bruti da durch kommt und ob wir uns hier überhaupt irgendwo abstellen können. Meist kommen sie Schulterzuckend zurück und dann geht es weiter, der Straße entlang, bis zur nächsten Abzweigung. Wir sind allesamt erschöpft und müde. Teilweise dauert es Stunden, bis wir endgültig die Motoren ausmachen und endlich Essen kochen können.

In den letzten Tagen hat langsam und beinahe unmerklich ein Wandel der Landschaft begonnen. In die tristen Braun- und Grautöne der Wüste mischen sich vorsichtig ein paar grüne

Punkte. Die Temperatur wird erträglicher und die Luftfeuchtigkeit steigt langsam. Wir sind im Bundesstaat Uttar Pradesh, einem der ärmsten in Indien. Der Straßenrand ist komplett mit grün wuchernden Pflanzen bedeckt. Ein- bis zwei Meter hoch stehen die dichten Büsche. Erst nach näherem Hinsehen erkennen wir, was da überall wie Unkraut wächst: Marihuana. Es steht gerade nicht in Blüte, aber im Oktober mag es hier sehr entspannt zugehen.
Eines Abends finden wir nach langer, zermürbender Suche eine Baumplantage, die wir uns als Schlafplatz gewählt haben. Es gibt Platz in Massen und wir sind so fertig, dass wir keinen Meter mehr fahren werden – komme was wolle. Während ich langsam ein paar Kartoffeln für uns brutzele, sammeln sich immer mehr Feldarbeiter, die uns neugierig aber noch von weiter Distanz beobachten. Als wir eine halbe Stunde später gerade essen, kommt die Polizei. Sie warnt uns, es sei sehr gefährlich hier, die Bauern könnten uns ausrauben. Wir sollen hier wegfahren und zu einem sicheren Platz kommen. Hier in Uttar Pradesh ist es noch gefährlicher als überall sonst. Wir fühlen uns keinesfalls imstande, noch mal umzuziehen. Die Jungs da vorne wollen uns ausrauben? Ja ja, das kennen wir schon. Kein Problem, wir können auf uns aufpassen. Der Polizeichef stellt kurzerhand fünf Wachmänner für uns ab. Sie positionieren sich in sicherer Entfernung von etwa zwanzig Metern auf einer Liege und bewachen mit Gewehren unsere Fahrzeuge. Die Nacht verläuft ruhig und ohne weitere Zwischenfälle oder Störungen – wir sind dankbar dafür, denn wir brauchen unseren Schlaf dringend.

Als wir am nächsten Vormittag zusammenpacken haben wir knapp dreißig Zuschauer. Sie halten höflichen Abstand und wir können in aller Ruhe unsere Siebensachen verstauen. Ich putze noch schnell den Gasherd und muss eine ganze Kolonie verschiedenartiger toter Insekten wegkratzen. Vom Licht angezogen sind sie gestern Abend dort in den Flammen verendet, während unser Essen in der Pfanne gebrutzelt hat.

Schließlich durchqueren wir den Staat Uttar Ranchal, der an Nepal grenzt. Zwei Tage später ist es dann endlich so weit. Seit Diu sind wir in zwanzig Tagen etwa 4000 Kilometer gefahren. Wir hatten holprige Pisten, unmenschliche Temperaturen und waren immer auf der Suche nach dem richtigen Weg. Ein Reifen und zwei Außenspiegel sind auf der Strecke geblieben, wir hatten unzählige Beinahe-Unfälle, haben uns gezankt und wieder vertragen. Von André haben wir uns mittlerweile verabschiedet. Wir sind recht froh, da wir nun wieder ganz für uns sind und unabhängig reisen können. Seit wir Izzy getroffen hatten, waren wir nicht mehr alleine gewesen. Heute ist nun endlich der Tag gekommen: Wir fahren an den Fuß des Himalayas – mit unserem geliebten VW-Bus. Wir können es noch kaum fassen, dass wir es wirklich bis nach Nepal schaffen. Das war nie geplant und doch das Beste, was wir hätten tun können.

## Im grünen Nepal

Die Grenze von Banbasa nach Mahendranagar besteht aus ein paar Hütten auf der anderen Seite des Flusses. Wenn wir es nicht besser wüssten, würden wir niemals darauf kommen, dass hier eine Grenze ist. Wir fragen die Passanten, wohin wir uns wenden müssen und gelangen schließlich an den indischen Zollbeamten. Ich warte gerade darauf, dass er alle meine Daten sorgfältig in sein riesiges Buch einträgt. Plötzlich erhellt sich sein Gesicht. „Du hast einen sehr berühmten Namen in Deutschland, nicht wahr?“, fragt er mich aufgeregt. Das höre ich zum ersten Mal, Sybille Rudolf (mein Mädchenname)... was soll daran berühmt sein? – „Ja, natürlich“, fährt er fort, „genau wie Rudolf Hitler! Der große deutsche Anführer, Rudolf Hitler, das ist wie Dein Name! Sehr berühmter Name.“ Ich muss lachen und will wissen: – „Meinst Du vielleicht den anderen Nazi, Rudolf Heß?“ – „Nein nein“, versichert er, „ich meine Rudolf Hitler, den großen Führer der Deutschen!“ Er ist nicht davon abzubringen – also warum den Mann enttäuschen? „Ja natürlich, wie der Führer“, gebe ich mich schließlich geschlagen. Die restlichen Formalitäten werden daraufhin sehr schnell abgewickelt und ich werde freundlich und zuvorkommend behandelt.

Schließlich fahren wir über eine langgezogene Straße. Links und rechts sind ein paar Hütten aber es gibt keinen Schlagbaum oder dergleichen. „Sind wir schon in Nepal?“, frage ich Michael verwundert. – „Nein, wir haben doch noch nicht mal ein Visum...“, antwortet er ebenso ratlos. Am Ende der Straße winkt uns ein Mann hektisch zu. Er will unsere Pässe sehen und schüttelt dann mit dem Kopf: „Kein Visum“, erklärt er und deutet in die Richtung, aus der wir gekommen sind. Fragend blicken wir uns um, wir haben keine Ahnung, wo wir das Papier bekommen. Nach einer kleinen Irrfahrt finden wir einen Beamten in einem Holzhäuschen. In der Einfahrt rennen Hühner und Hunde herum – sind wir hier richtig? Tatsächlich bekommen wir hier ohne viele Umstände eine Einreisegenehmigung. Der Mann klebt mir das Papier verkehrt herum in den Pass, was ihn aber nicht besonders kümmert. Schließlich holen wir auch noch den Einreisestempel für unseren Bus und schon rollen wir die ersten Meter auf nepalesischem Boden.

Die Landschaft ist seit dem Grenzübertritt wie ausgewechselt. Die sanften Hügel sind über und über bedeckt mit Reisterrassen. Jeder Zentimeter von dem neu gewonnenen flachen Untergrund ist dicht mit den leuchtend grünen Halmen der jungen Pflanzen bedeckt. Entlang der geraden, gut geteerten Straße wachsen Bäume und Büsche, es ist feucht und warm und bei Weitem angenehmer als die Hitze weiter südlich. Im Hintergrund erheben sich die Riesen des Himalayas und recken nach dem Himmel. Die Menschen sind freundlich und viel ruhiger als ihre indischen Nachbarn. Wir werden auch hier neugierig beobachtet, doch die Leute gehen nach einer Weile freiwillig weg und halten generell mehr Abstand. Das empfinden wir als sehr angenehm.

Wir durchfahren das wunderbar saftige Grün der Mahabharat Range, die Ost-West Erhebung des Landes. Schon an unserem zweiten Tag erreichen wir den Royal Bardia Nationalpark im

Südwesten von Nepal. Nur eines haben wir nicht bedacht: Als wir auf dem staubigen Weg in den Wald fahren, ist unser Fenster hinten offen. Der Staub, den Bruti aufwirbelt, wird durch den Sog durchs Fenster direkt in unsere Wohnkabine geleitet. Als wir schließlich einen wunderschönen Platz direkt an einem kleinen Fluss gefunden haben, kommt das böse Erwachen: Unser komplettes Auto ist im Inneren von einer feinen Staubschicht bedeckt. Alle Matratzen, Decken, Utensilien, Kleidung und Gerätschaft ist voller Staub. Er ist sogar in die Ritzen der Schränke eingedrungen. In einer mehrstündigen Aktion müssen wir unseren Haushalt davon befreien. Es dauert ewig, bis auch der letzte, staubbedeckte Kugelschreiber wieder sauber ist.

Der Platz, den wir zu unserem Schlafplatz auserkoren haben, ist eigentlich frei zugänglich – wir haben keine Tore oder Zäune passiert. Trotzdem kommt bald ein Guide des Nationalparkes und nimmt uns genau unter die Lupe. Wir erklären ihm, dass wir die Nacht hier verbringen wollen. „Ich würde Euch nicht empfehlen, hier zu bleiben", sagt er, „da könnte ein Elefant kommen und Euer Auto umwerfen. Das passiert hier ständig." Das können wir nicht so ganz glauben. – „Wir dürfen doch hierbleiben, oder? Hier ist ja alles frei zugänglich", frage ich. – „Ja, natürlich, ihr dürft nur nicht den Fluss überqueren", erklärt er uns, „da darf man nur mit einer Gruppe und Führer rein. Wenn ihr eine Tour machen wollt, dann fragt mich, ich bin Guide in diesem Park." – „Alles klar, wir überlegen es uns", antworte ich freundlich.
Er ahnt wohl, dass wir keine Tour buchen werden, also versucht er es noch anders. „Da vorne ist ein Restaurant, wenn ihr Hunger habt könnt ihr dort essen", schlägt er vor. Wir überlegen kurz. „Hm, Hunger hätte ich schon aber ich will das Auto nicht mehr bewegen, wir haben ja schon alles ausgepackt", sagt Michael. Da habe ich eine Idee. „Kannst Du

uns nicht das Essen an unseren Platz bringen?“ will ich wissen. „Du hast doch ein Moped, bring uns die Speisekarte, wir bestellen und essen hier.“
Nach ein paar weiteren Erläuterungen ist der Mann überzeugt und erklärt sich einverstanden. So kommt es, dass wir an diesem Abend ein köstliches nepalesisches Dinner im Dschungel direkt neben dem Fluss Geruba einnehmen. Es ist herrlich! Es gibt Hühnchen mit Gemüse und Reis, mild und lecker. Wir bedanken uns ganz herzlich bei unserem Lieferanten, das ist ein toller Service!
Als er sich verabschiedet, ermahnt uns der Mann noch, keinen Müll dazulassen. Er liest eine alte Plastikflasche vom Boden auf und erklärt: „Wir lieben unser Land. Und unsere Natur soll schön bleiben, damit die Menschen gerne kommen um sie anzusehen.“ Solch aufgeklärtes Denken ist uns in Indien nicht begegnet, auch nicht an den Touristen-Spots. Wir versichern ihm, alles wieder mitzunehmen – das ist für uns eine Selbstverständlichkeit.
Wir genießen diesen Abend sehr und sind von Nepal unglaublich positiv überrascht. Schon im Reiseführer wurde uns Folgendes prophezeit: „Alle Reisenden, die mit einer kleinen Überdosis Indien den Grenzübergang nach Mahendranagar passieren, werden sich in einer anderen Welt wiederfinden, in der sie endlich einmal tief durchatmen können.“ In Nepal angekommen, wissen wir schnell was damit gemeint ist. Die Menschen sehen zwar fast genauso aus wie in Indien, aber die Landschaft ist viel grüner, es ist sauberer und es herrscht eine ruhige, entspannte Atmosphäre.
Der versprochene Elefant bleibt aus, doch die Naturgewalten bekommen wir anders zu spüren. Am Abend fängt es an zu regnen, zuerst leicht, dann wird es langsam immer stärker. Nach drei Stunden ist es es zum echten Unwetter angewachsen und es peitscht heftiger Regen an die Seite unseres Busses. Unter dieser Dauerbelastung zeigen sich die ersten

Schwachstellen an unserem Zuhause: Wasser tropft von der Decke und sammelt sich plätschernd hinten auf der Bank. Erst an einer kleinen Stelle. Doch bald entstehen insgesamt vier dunkle Flecken an der Decke, unentwegt tropft es aus ihnen in unser Wohnzimmer. „Weißt Du was das ist?“, fragt Michael als wir die Bank mit Handtüchern und Wäsche abdecken. Mehr können wir im Moment sowieso nicht tun. „Nein, weißt Du es?“, gebe ich zurück. – „Das sind genau die Punkte, an denen unsere Dachbox befestigt ist. Ich hatte die Löcher damals alle versiegelt damit genau das nicht passiert. Aber als wir in Amritsar mit der Box die Kabel mitgenommen haben, sind die Dichtungen gerissen. Und deswegen haben wir die fröhlichen Rinnsale“, erklärt Michael bekennend. 'Tolle Sache', denke ich, lasse es aber besser unausgesprochen. Zum Glück tropft es nicht ins Bett.

Wir kuscheln uns gemütlich in unsere trockene Höhle und schlafen dann zufrieden ein. Gegen Morgengrauen wird Michael wach, da das Rauschen des Flusses merklich lauter geworden ist. Er lauscht eine Weile nach draußen und tatsächlich: Das Geräusch schwillt immer stärker an, bis es beinahe bedrohlich klingt. Plötzlich ist ein lautes Grummeln zu hören, gefolgt von einem tiefen, dunklen WUMMMMS. Das war direkt in der Nähe – doch was kann das sein? Michael findet keine Ruhe mehr und schält sich schließlich aus dem Bett, um nach dem Rechten zu sehen. Aufgeregt kommt er zurück und weckt mich auf: „Hey, wach auf, schnell, wir müssen sofort wegfahren. Sofort!“ ruft er. – „Warum denn...?“ will ich schlaftrunken wissen. – „Das halbe Ufer ist weggebrochen! Wir stehen mit den Rädern direkt am Rand des Flusses! Hast Du nicht das Geräusch gehört?“, ruft er mir zu, während er sich in seiner Unterhose und mit Socken auf den Fahrersitz wirft. – „Na, so schlimm wird es schon nicht sein... “, murmele ich unleidig in mein Kissen, während ich versuche, die gemütliche Position von vorhin wieder zu finden. Michael parkt den Bruti um, dann kehrt wieder Ruhe ein.

Ein paar Stunden später scheint sich das Wetter beruhigt zu haben. Als wir die Augen aufschlagen begrüßt uns der Tag mit strahlend blauem Himmel. Die Sonne lacht und kein Wölkchen ist zu sehen. Wir steigen voller Vorfreude ins Freie, bereit um unser neues Reiseland zu erkunden. Der Fluss ist über Nacht deutlich angeschwollen, aber wir denken uns nichts weiter dabei. Wir nehmen ein Bad in dem fließenden Nass und genießen das Gefühl, so viel Wasser zu haben um mal wieder richtig sauber und staubfrei zu werden. Als wir uns gerade reisefertig machen, schaut Michael angespannt auf den Fluss. In das vormals klare Wasser hat sich eine trübe, braune Brühe gemischt. Der Pegel steigt ständig weiter und wir sehen mitgerissene Bäume auf dem Fluss treiben. „Fahren wir weg, das ist mir nicht geheuer“, sagt Michael und wir räumen die letzten Sachen in die Schränke. Michael startet den Bus, wendet, und wir werfen noch einen letzten Blick auf diesen schönen Platz. Er hält inne und dann sehen wir es. Der Fluss treibt eine große dunkle Welle Wasser vorwärts, direkt auf die Stelle zu, an der wir gerade noch gestanden haben. Dann kracht die Welle an den Rand und mit einem tiefen Dröhnen bricht die ganze Uferflanke weg. Der Fluss verbreitert sich um drei Meter und dann beruhigt sich alles wieder. Wären wir länger geblieben, hätte es den Bruti ins Wasser gerissen. „Da hatten wir wohl einen Schutzengel“, murmelt Michael, als wir den Platz hinter uns lassen.

Wir fahren weiter Richtung Osten. Unser Ziel: Lumbini. Das ist der Geburtsort Buddhas und einer der heiligsten Plätze in Nepal. Doch plötzlich versperrt uns eine Menschenansammlung den Weg. Auf der Straße sind große Zweige und Steine als Sperre aufgebaut und die Leute sehen

mißmutig drein. Unser Bitten bleibt vergeblich. Wir dürfen hier nicht durchfahren. Es bleibt uns nichts anderes übrig als Lumbini auf den Rückweg zu verschieben und zurück zur nächsten Abzweigung zu fahren. So wenden wir uns nach Nordosten Richtung Pokhara. Wir durchqueren zunächst sanfte Hügel in der immergrünen Landschaft. Der Straßenrand ist gesäumt von Feldern, einfachen Hütten und Bäumen. Die Leute winken uns fröhlich zu, es ist warm aber nicht heiß. Auf den Straßen selbst sind wie immer Hunde, Ziegen, Schafe, Kinder, Traktoren, Eselskarren und Fahrradfahrer anzutreffen.
In den größeren Orten sehen wir an verschiedenen Stellen das kommunistische Hammer-und-Sichel-Zeichen prangen. Die Menschen, die wir auf dem Markt treffen sind einfach und teilweise etwas unflexibler als die Inder, wenn es darum geht, zu verstehen was wir Ihnen nur ohne Worte mitteilen können. Doch am Ende klappt es meist. Das Schöne hier ist, dass wir fast in Ruhe einkaufen können. Wir lösen keine Volksversammlung aus und werden nicht eingekreist. Natürlich werden wir auch interessiert beobachtet und vor allem in der Stadt oft angesprochen. Jedoch nicht in dem Übermaß wie in Indien. Die Menschen sind neugierig, aber bei Weitem nicht so offensiv wie die Inder. Die satten Grüntöne sind wie Balsam auf unserer Seele und ein lebhafter Kontrast zu der ewig braunen, weiten Wüste, die wir in den letzten Monaten ständig gesehen hatten.

Je weiter wir nach Norden kommen, desto höher werden die Berge. Die Straße windet sich in Serpentinen nach oben und wieder durchs nächste Tal. Fahrtechnisch eine echte Herausforderung aber landschaftlich – ein Traum. An jeder Kurve werden wir mit einem neuen Ausblick belohnt. Durch die Täler winden sich schmale Flüsse, mit denen die Bauern wie seit hunderten von Jahren ihre Felder bewässern. Kleine Dörfer schmiegen sich an Bergrücken, am Straßenrand stehen

vereinzelt Häuser. Kleine Brücken schweben hunderte Meter über tiefen Schluchten. In den Tälern sammeln sich die Bäume und Büsche zu kleinem, undurchdringlichem Urwald zusammen.
Die Straße selbst ist in sehr gutem Zustand, der Belag frisch und glatt. Das mag wohl daran liegen, dass die Infrastruktur hier von den großen Wirtschaftsmächten aufgestellt wurde. Ein großer Teil des Bruttosozialproduktes von Nepal stammt aus internationaler Entwicklungshilfe, auch aus Deutschland.
Es ist aber nicht prinzipiell Verlass auf gute und intakte Straßen. Wegen einer defekten Brücke müssen wir den schwierigen Umweg direkt durch die Schlucht fahren. Die Piste ist matschig und zerfahren, sie windet sich in gewagten Kurven in die Schlucht hinunter und auf der anderen Seite wieder heraus. Zweimal hören wir das grässliche Knirschen von Metall, dass auf Steinen schleift. Nervös schielen wir auf die Temperaturanzeige. Im schlimmsten Fall könnten uns die Steine die Ölwanne aufschlitzen, dann würde die Temperatur ziemlich schnell steigen. „Wenn der Temperaturfühler überhaupt so schnell reagiert“, beendet Michael seine pessimistischen Ausführungen. Es scheint aber alles in Ordnung zu sein und wir erreichen erleichtert die andere Seite der Schlucht.
Am späten Nachmittag finden wir schließlich einen ruhigen Rastplatz, ein kleines Plateau oberhalb des riesigen Kali Gandaki Flusses. Große Bäume spenden Schatten für uns und unser Fahrzeug und wir fühlen uns sehr wohl. Bald hat uns eine Schar Kinder aus dem nahegelegenen Dorf aufgespürt. Sie umringen neugierig unseren Campingplatz und versuchen, einen Blick in den Bruti zu erhaschen. Drinnen brutzele ich gerade Pfannenkuchen. Michael macht für die Kinder eine kurze Show mit den Hunden und sie lachen begeistert. Dann möchten wir essen und bitten sie um Ruhe. Sie verstehen sofort und gehen in die Umgebung, um zu spielen. Nicht unweit von

uns wächst ein großer Baum mit einem langen Ast, der unerreichbar über den Köpfen der Kinder schwebt. Die größeren versuchen, ihn hüpfend zu erreichen, aber sie bekommen ihn nicht richtig zu fassen. Dann organisieren sie Verstärkung. Fünf Minuten später kommen sie mit einem hochgewachsenen jungen Mann zurück, der genau der Richtige für diese Aufgabe ist. Er fischt sich den Ast und biegt ihn herunter, so dass die Kleineren ihn halten können. Jetzt kann der Spaß losgehen: Zwei Kinder klettern auf den Ast und suchen sich eine stabile Position, während die anderen festhalten. Auf Kommando lassen sie los und die Kinder schwingen kreischend hoch und runter. Unten stehen ihre Freunde und geben ihnen immer wieder neuen Schwung. Bis dann die nächsten an der Reihe sind, um auf dem Ast zu sitzen. Es ist ein Riesenspaß für alle und auch wir müssen beim Zusehen lächeln. Es gefällt uns dass die Kinder hier ganz ohne Spielplatz, Nintendo und Achterbahn Spass haben und mit dem spielen, was da ist.

Gegen Abend rückt Pokhara für uns immer näher. Als es schon dunkel ist, sind wir endlich da. Wir sind fertig von der langen Fahrt und überwältigt von all den Eindrücken. Während des stundenlangen Auf und Ab in den grünen Bergen und Tälern von Nepal haben wir kaum Menschen und erst recht keine Europäer gesehen – hier ist das anders. Vor allem der weltberühmte Anapurna-Trek zieht viele Touristen an. Doch die Atmosphäre ist vergleichsweise ruhig, da die Hauptsaison schon vorbei ist. Wir erliegen den Versuchungen und essen Pizza und Lasagne, die wirklich fast authentisch schmecken. Dann sündigen wir noch ein bisschen im Supermarkt und kaufen uns einen guten Wein. Auf der Suche nach einem Schlafplatz fahren wir durch die Stadt hindurch. Die Straße wird immer schlechter, so stoppen wir für die Nacht einfach am Rand.

Der folgende Tag bringt eine Überraschung. Ein Moped nähert sich unserem Bus und zwei wohlbekannte, braungebrannte Gesichter grinsen uns an: Debby und Benny!
„Wo ist Euer Auto?", wollen wir wissen.
– „Dort hinten auf dem Campingplatz."
Wir sehen sie fragend an. „Campingplatz?" – „Ja, es kostet ein bisschen was aber Du bekommst Wasser und Strom und hast Deine Ruhe. Es ist ein schöner Platzt dort, ziemlich abgelegen", erzählen sie uns. Das hört sich super an für uns und günstig ist es auch. Umgerechnet 1,60 € pro Tag, das ist ein fairer Preis. Und tatsächlich, die beiden haben nicht zu viel versprochen. Inmitten von Reisfeldern liegt der Overlander-Campingplatz in Pame, einem winzigen Dorf etwa sechs Kilometer vor Pokhara. In der Nähe sind nur ein paar einfache Häuser, Hühner laufen über die Straße, vor den Eingängen bellen ein paar Hunde. Der Campingplatz ist ein gepflegtes Stück Grün, das von einer Mauer umgeben ist. Das Haus gegenüber – es gehört den Besitzern – wird von den Arbeitern bewohnt. Hier ist auch die Toilette und die Dusche, es gibt sogar – sage und schreibe – warmes Wasser.

Wir werden von einem freundlichen Angestellten begrüßt. Er erzählt uns, dass die Menschen mit ihren Wohnmobilen und Zelten auch früher schon auf den Feldern hier campiert haben. „Oft haben wir ihnen Wasser verkauft oder sie haben unsere Toiletten benutzt. Also hat mein Chef hier einen richtigen Campingplatz gemacht", erzählt er uns. Der Chef ist Schweizer, seine Frau Nepalesin.

Für uns ist es beinahe Luxusurlaub. Es gibt Strom, und das Wasser kommt aus einem langen Schlauch – wir können unseren Tank auffüllen ohne Kanister schleppen zu müssen. Es ist wirklich sehr ruhig, vor allem da momentan außer uns und den Holländern keine anderen Gäste da sind.

Uns gefällt es so gut hier, dass wir eine Weile bleiben wollen. Wir richten uns wieder mal neben Benny und Debby häuslich ein. Kurzerhand ist ein Sonnensegel zwischen beiden Autos gespannt und Tische und Stühle aufgestellt – eine überdachte Terrasse.

Wir verleben herrliche Tage hier an diesem wunderschönen Flecken Erde. Vormittags, wenn es noch nicht so heiß ist, unternehmen wir ausgedehnte Spaziergänge mit den Hunden. Die haben riesigen Spaß, sie rennen mit Vollgas über die überfluteten Reisfelder, dass das Wasser nur so spritzt. Die Landschaft ist einmalig. Neben dem Campingplatz windet sich ein großer Bach den Bergen entlang. Wir steigen ein wenig bergauf, bis wir nach einer halben Stunde völlig durchgeschwitzt sind. Dafür dürfen wir einen tollen Ausblick genießen. Wir sehen das kleine Fleckchen Campingplatz, unser Bruti ist nur noch ein winziger oranger Punkt. In der Ferne ist Pokhara und der See, umringt von fruchtbarem Schwemmland.

Wieder zurück beim Bus lernen wir Ingo aus Deutschland kennen. Der ist vor fünf Jahren mit dem Motorrad hergekommen und hat eine Nepalesin geheiratet. Jetzt lebt er mit ihr in einem kleinen Dorf und ist sehr glücklich. Sie konnte kein Wort Englisch – er kein Wort Nepali – und doch haben sie sich auf Anhieb verstanden. Ingo erzählt uns von den anfänglichen Schwierigkeiten und einigen fremden Traditionen, die er durch sie kennen gelernt hat:
„Ihr Vater war gegen mich, aber ihre Mutter hat mich von Anfang an gemocht. Ich hab sie sozusagen vom Fleck weg geheiratet. Ich sah das Land und wusste: Hier will ich bleiben, hier kann ich glücklich werden. Als ich am Anfang herkam, hatte ich sehr lange Haare und einen Bart. Vor drei Wochen habe ich beides abschneiden müssen. Der Vater meiner Frau ist gestorben und die Tradition will es so, dass dann alle Männer

der Familie ihre Bärte und Haare abschneiden. Für mich war das damals keine Frage, ob ich es mache, es war sogar eine große Ehre, da sie mir so zeigten, dass ich dazu gehöre. Nachdem er gestorben war, hat sich die gesamte Familie versammelt und dreizehn Tage lang... eigentlich gar nichts getan. Wir haben nur Dahl Baht – Linsen mit Reis – gegessen und durften nichts tun, nicht arbeiten. Männer und Frauen durften nicht miteinander sprechen, auch berühren war nicht erlaubt. Salz essen war verboten. Danach darf ein Jahr lang nicht gefeiert werden, wir dürfen keinen Alkohol trinken und kein Fleisch essen."

– „Wow, ganz schöne strenge Regeln", stellen wir fest, als er geendet hat.

– „Na ja, das Schwierigste ist, dass mir die meisten Dinge erst mal fremd sind, weil ich sie nicht kenne. Wenn die Frauen zum Beispiel ihre Menstruation haben, dann werden sie aus dem übrigen Dorfleben ausgegrenzt. Sie leben in eigenen Hütten, die extra dafür gebaut wurden, sie essen von separatem Geschirr, dürfen nicht für die anderen kochen und berühren darf man sie auch nicht. Als meine Frau nach der Hochzeit das erste Mal ihre Tage hatte, wollte sie sich ein Lager auf dem Boden bereiten. Ich war dagegen, sie darf natürlich auch dann im Bett schlafen. Erst habe ich gedacht, die Frauen werden während der Monatsregel ausgegrenzt. Aber mit der Zeit habe ich begriffen, dass das für sie wie Urlaub ist: Sie müssen nichts machen, die üblichen Arbeiten fallen weg, sie dürfen in Ruhe in der extra-Hütte leben, fern von dem üblichen Dorftrubel. Das gibt es sonst niemals für sie! Mittlerweile spricht meine Frau schon ganz gut Englisch und ich will demnächst mit ihr verreisen. Wir sind gerade dabei, einen Pass für sie zu beantragen."

Ingo fragt uns, ob es nicht möglich wäre, sein Carnet de Passages für sein Motorrad in Deutschland auszulösen. Das sind die Zollpapiere, die man in Deutschland für jedes Fahrzeug organisieren muss, mit dem man außerhalb der EU

über eine Grenze kommen will. Das Problem an diesem Dokument ist, dass man mindestens 5.000 Euro dafür hinterlegen muss – je nach Wert des Fahrzeugs. Das ist als Vorschuss gedacht, man könnte ja sein Fahrzeug im Ausland verkaufen, dann würden ordentliche Zollgebühren fällig. Die 5.000 Euro – bei teureren Fahrzeugen übrigens bis zu 20.000 Euro – werden natürlich zinslos aufbewahrt. Es gibt keine reelle Chance, an das Geld heranzukommen, außer man bringt das Fahrzeug mit allen korrekt abgestempelten Papieren wieder nach Deutschland. Man sollte also in jedem Fall tunlichst vermeiden, dass das Fahrzeug verlustig geht. Auch wir haben für den Bus das Geld hinterlegen müssen und hätten ein Problem, falls er es nicht zurück schafft. In Ingos Fall sitzt der ADAC auf seinen 5.000 Euro.
Wir überlegen kurz ob es möglich wäre, dass Michael die Maschine nach Deutschland fährt, verwerfen den Gedanken aber schnell wieder. Ich müsste den Bus fahren – das würde ich uns allen gerne ersparen.

Zwei unserer Tage in Pame sind leider eher misslungen. Alles beginnt mit dem Tiefkühl-Hähnchen, dass ich mit Debby im Supermarkt gekauft hatte. Die Hälfte davon klaut unsere kleine Diu in einem unbeobachteten Moment – roh und halb gefroren. Die andere Hälfte lassen wir uns schmecken. In den nächsten beiden Tagen liegen wir mit einer Lebensmittelvergiftung flach.

Diu ist und bleibt putzmunter.

Als wir wieder fit sind, genießen wir einen ruhigen Abend bei Bier und Kerzenschein mit Benny und Debby. Den Tag über war der Himmel strahlend blau, doch jetzt zieht es schnell zu. Innerhalb von zehn Minuten bedeckt sich der Himmel mit dicken, schwarzen Wolken. Es wird stockdunkel und aus dem Gras kriechen große und kleine Käfer auf der Suche nach

Schutz empor. Dann geht ein heftiges Unwetter los. Wir verziehen uns schnell in unsere Schutzhöhlen. Wenn in ein paar Monaten hier die Regenzeit beginnt, sind solche Regengüsse an der Tagesordnung. „Dann kommen alle möglichen Insekten herausgekrochen, große Käfer, Spinnen, Frösche und anderes Kleinvieh. Dann ist es nicht mehr schön hier", hat uns Debby erzählt. Heute erhalten wir einen kleinen Vorgeschmack davon und entscheiden uns für einen Filmabend.

Am nächsten Vormittag wirft Michael eher zufällig einen Blick in unsere Reisepässe. „Oh Mist!" entfährt es ihm, „was ist denn heute für ein Datum?" – „Zwölfter Mai", antworte ich mit Blick auf unseren Wecker, „warum denn?" – „Unser Indien-Visum läuft am ersten Juni aus! Wir haben gar nicht mehr viel Zeit hier in Nepal", antwortet er. Wir überschlagen kurz: In dieser Zeit müssen wir nach Kathmandu und unsere Visa für Pakistan besorgen, die bekommen wir nur dort. Dann wieder zurück und durch ganz Nordindien von Nepal an die pakistanische Grenze. Können wir das in der knappen Zeit schaffen? Wir haben nicht einmal drei Wochen! „Wir müssen gleich morgen losfahren", entscheidet Michael.

So geschieht es, dass wir noch am selben Tag unsere Siebensachen packen. Wir wären gerne noch länger geblieben, aber die Zeit ist zu knapp dafür. „Hey Benny, wie schauts aus, kommt ihr mit nach Kathmandu?" ruft Michael zum anderen Auto rüber. Die beiden entscheiden sich, uns zu begleiten – sie wollten auch dort hin.
„Wir müssen in einer Werkstatt ein paar Ersatzteile für unser Auto besorgen. Wir kennen den Besitzer und dürfen in seinem Hof parken", sagt Debby. – „Das trifft sich ganz gut, vielleicht bekommen wir dort ein neues Beifahrerfenster", antworte ich.
Das Fenster ist immer noch so wie Michael es in Diu gemacht hat: Ein kleines Campingfenster, verklebt mit den Resten von

Plastikflaschen. Es lässt sich in die Öffnung klemmen und hält auch einigermaßen – doch natürlich wäre es ein Leichtes, dort einzubrechen. Uns wäre viel wohler, wenn wir ein richtiges Fenster hätten.

Wir verlassen den liebgewonnenen Campingplatz und fahren zunächst nach Pokhara auf eine Wiese am Seeufer. Dort ist so etwas wie ein inoffizieller Campingplatz, es gibt keine Versorgungsmöglichkeiten und es ist ziemlich vermüllt. Dafür kostet es nichts und viele Geschäfte und Restaurants sind in Gehweite. Hier haben sich vier Overlander mit ihren Fahrzeugen eingefunden. Wir treffen Retro, 65 Jahre alt und aus der Schweiz. Er besitzt einen riesigen rollenden Palast. Es ist ein ehemaliges NVA-Fahrzeug mit dem Aufbau eines Kühltransporters. Als er uns einen Blick in sein Reich gewährt sind wir völlig von den Socken. Drinnen sieht es aus wie in einem urigen Wohnzimmer, vor allem wegen den Schränken mit Echtholz-Fronten. Seine Ausstattung ist nur vom Feinsten. In seiner kleinen Garage, unten im hinteren Teil des Fahrzeugs, parken ein Quad und ein Mountainbike. Er zeigt Michael stolz seine Kompressor-betriebene Luftdruckwerkstatt, ausgestattet mit allem was das Mechaniker-Herz begehrt. Er hat mehr als 800 Liter Kraftstoff an Bord und fährt immer noch mit dem 1-cent-Diesel aus dem Iran. Augenzwinkernd zeigt er uns seine kleine Waschmaschine, die sich im Schrank verbirgt. „Ich hab' keine Frau, deswegen brauch' ich eine vernünftige Waschmaschine“, erzählt er. Er hat riesig viel Platz, so dass wir anfangs denken, dass er seine ganze Familie dabei hat. Aber Irrtum, Retro reist alleine mit seinem Hund. Er ist topfit und denkt nicht daran, seinen Lebensabend zu Hause zu verbringen.
Wir treffen außerdem noch ein Pärchen aus Österreich, das eine ängstliche Schäferhunddame dabei hat. „Der Hund kann nicht alleine bleiben, sie heult dann ganz furchtbar“, erzählen sie uns.

„So haben wir ihr beigebracht, auf dem Motorrad mit zu fahren. Und das macht sie super, sie springt nicht runter und hält sich im Gleichgewicht." Und tatsächlich, er schnippt zwei Mal und der Hund springt auf den Tank. Dort findet er Platz zwischen den Beinen des Fahrers und macht keinen Mucks mehr, auch nicht als sich die Maschine in Bewegung setzt. So etwas haben wir noch nie gesehen!

Alle, die wir treffen haben interessante Geschichten und Tipps auf Lager. Es wäre sicher lustig, noch ein paar Tage zu bleiben, doch die Zeit drängt uns weiter. Zur Krönung des Tages wälzen sich unsere beiden Hunde im Kadaver einer Kuh, der am Seeufer langsam vor sich hin verwest. Fröhlich, schleimig und stinkend kommen Gomolf und Diu zurück. Eine kleine Zwangsdusche schafft Abhilfe, doch der süßlich-ekelhafte Verwesungsgeruch hält sich noch eine Weile. Kein schönes Andenken.

Unser Weg nach Kathmandu ist beschwerlicher als wir zunächst gedacht hatten. Zuerst gibt ein Kugellager beim Fahrzeug unserer Freunde auf. Benny muss das komplette Rad abbauen, das fast so groß ist wie er selbst. Michael packt tatkräftig mit an, ich und Debby versorgen die Männer mit Getränken. Nach drei Stunden ist der uralte Unimog Camper wieder fahrtüchtig.
Gegen Abend wird der Verkehr immer dichter und langsamer. Bald stehen wir in einer langen Kolonne und es geht nur noch im Schritttempo vorwärts. Es ist schon längst dunkel als wir einsehen müssen, dass wir es heute nicht mehr nach Kathmandu schaffen werden. Anscheinend ist vorne ein Bus liegengeblieben, der die Straße versperrt. So entschließen wir uns kurzerhand für eine Übernachtung am Straßenrand.
Der nächste Morgen reißt uns unsanft aus dem Bett, der Lärm von großen Baggern und Maschinen dringt an unser Ohr. Als

wir einen Blick aus dem Fenster riskieren, entdecken wir direkt links von uns einen großen Steinbruch, der gestern bei Dunkelheit nicht mehr zu sehen war. Von rechts dröhnt der erwachende Verkehrslärm der Straße zu uns. Wir ergeben uns, trinken nur einen schnellen Kaffee, putzen die Zähne und sind schon wieder auf der Straße.
Die Fahrt führt uns über gewundene bergige Straßen durch die Landschaft. Luftlinie ist die Strecke von Pokhara nach Kathmandu nur etwa 200 Kilometer, doch es müssen etliche Höhenmeter überwunden werden und die vielen Kurven verlängern die Strecke ungemein. Endlich erreichen wir am frühen Nachmittag die Tore der Hauptstadt von Nepal. Hier sind wir am östlichsten Punkt unserer ganzen Reise, daher mischt sich ein bisschen Wehmut in die Vorfreude auf die größte Stadt von Nepal. Doch Deutschland liegt momentan noch über 10.000 km entfernt, so verdrängen wir den Gedanken an den Rückweg erfolgreich. Wie angekündigt finden wir bei den Automechanikern in einem Wohnviertel einen guten Schlafplatz. Wir sind in ihrem Garten, er ist relativ groß und mit festgetretener Erde bedeckt. Das Gelände ist von einer hohen Mauer umgeben, daher können wir den Bus sorglos unbeaufsichtigt dort lassen – das ist viel wert in einer Großstadt. Die Mechaniker sind sehr freundlich und wir vereinbaren, dass wir übermorgen wegen des Fensters in die Werkstatt fahren.

Der nächste Tag ist für Behördengänge reserviert. Wir brauchen unser Visum für Pakistan. Zum Glück dürfen wir die Hunde beim Bus lassen, unsere Gastgeber haben versprochen, die Tiere im Auge zu behalten.
Ein Visum bei einer Botschaft zu beantragen ist keine sehr erfreuliche Angelegenheit. Vielmehr fühlen wir uns als Bittsteller und werden von der Angst, abgelehnt zu werden, begleitet. Um die pakistanische Botschaft überhaupt betreten zu

dürfen, benötigen wir ein Empfehlungsschreiben von der deutschen Botschaft. So machen wir uns zunächst auf den Weg zur heimatlichen Behörde. Die typische Amts-Atmosphäre hier drin ist überall zu spüren. Wir fühlen uns in den Fängen der altbekannten Bürokratie wieder, zwanzig Euro kostet das geforderte Papier. „Kreditkarten akzeptieren wir nicht aber Sie können in Euro bezahlen“, klärt uns die nette Beamtin auf. „Das ist aber toll“, murmelt Michael griesgrämig, als er den blauen Schein zückt.
Auf der pakistanischen Botschaft werden wir bestimmt aber freundlich behandelt und erhalten unser Visum ohne größere Probleme. Wir sind froh, als wir es geschafft haben und kehren zurück zu unserem Lagerplatz.
Wir besuchen auch den Stadtteil Thamel, der hauptsächlich für Touristen ausgelegt ist. Hier gibt es viel Outdoor-Ausrüstung von namhaften Herstellern zu kaufen: Funktionskleidung, Rucksäcke, Taschenmesser, Zelte. Alles, um sich für eine kleine Himalaya-Expedition auszurüsten. Die Preise sind etwas günstiger als bei uns in Deutschland aber für Markenware muss man auch hier viel Geld hinlegen. Wir genehmigen uns ein Bier in einem Restaurant, dass auch 'Allagaur Kasepatzle' anbietet – sogar hausgemacht. Die vielen Touristen hier treiben überall solche Stilblüten hervor – wir haben nicht probiert, ob es schmeckt. Stattdessen genehmigen wir uns heute Abend eine echte „italianish Pizzea“, die tatsächlich ein Wenig an ihr europäisches Vorbild erinnert.

Unseren letzten Tag in Kathmandu verbringen wir auf dem heißen, staubigen und stickigen Hof der Autowerkstatt. Hier sehe ich eine der dreckigsten Notdurft-Anstalten auf der ganzen Reise: Die Toilette der Mechaniker. Die Wände sind schwarz und der Boden auch, alles ist verschmiert. Viel näher will ich mir das Ganze nicht ansehen 'bloss nichts anfassen und dann schnell raus hier' – lautet die Devise. Der Kompetenz der

Mechaniker tut der grausige Abort keinen Abbruch. Die Jungs schneiden aus einer riesigen Kunststoff-Scheibe ein passendes Fenster für unsere Beifahrertür. Es passt und es lässt sich sogar herauf- und herunterkurbeln. „Das ist natürlich kein Sicherheitsglas", bemerkt Michael – doch wir freuen uns trotzdem riesig.

Unsere Tage in Kathmandu sind schnell gezählt und wir machen uns langsam auf den Rückweg. „Wir fahren jetzt nach Deutschland", erklären wir unseren verwunderten Gastgebern. „Ihr fliegt?", wollen sie wissen. – „Nein, wir fahren mit dem Auto", antworten wir. – „Ihr fahrt mit dem Auto... auf ein Schiff? Und dann nach Deutschland?" – „Nein, wir fahren mit dem *Auto* nach Deutschland!"
Diesen Dialog kennen wir schon gut und wir zählen die Länder auf, die wir nun durchqueren werden: „Nepal, Indien, Pakistan, Iran, Türkei, dann nach Europa. Mit dem Auto. Es gibt mehrere Landwege nach Deutschland", erklären wir. Wie immer können unsere Zuhörer kaum glauben, dass man kein Schiff oder Flugzeug für die Strecke braucht. Wir lassen uns davon nicht beirren und wenden Brutis Schnauze gen Westen. Der Abschied von Benny und Debby ist sehr herzlich, wir umarmen uns und geben einander die besten Wünsche mit auf den Weg. In unserer Tasche haben wir ihre Kontaktdaten, vielleicht sehen wir uns heute nicht zum letzten Mal.
Wir fahren noch einmal vorbei an den Verkehrspolizisten, die mit schweißbedeckten Gesichtern, hektischen Gesten und Trillerpfeifen versuchen, die endlosen Ströme der Autos zu lenken. Dann verlassen wir die Stadt über die einzige Straße, von hier sind wir auch gekommen. Noch ist sie gut, doch es hat viel geregnet und ungeahnte Probleme erwarten uns: Das härteste Stück in Nepal. Die Brücke über der großen Schlucht, die schon auf der Hinfahrt unpassierbar war, ist immer noch nicht repariert worden. Bevor wir die Stelle erreichen, staut sich

der Verkehr. Als wir endlich vorne angekommen sind, verstehen wir auch, warum. Zwei Soldaten entscheiden anhand von Reifengröße und Bodenfreiheit der Fahrzeuge, wer die Fahrt durch die Schlucht wagen darf und wer nicht. PKW's dürfen es gar nicht erst versuchen, sie müssen alle umdrehen. Die Soldaten lassen nur Jeeps, Trucks und große Busse passieren. Als sie unseren Bruti sehen, wirft einer der Soldaten einen skeptischen, fragenden Blick auf mich. Ich schüttle den Kopf und deute auf Michael: „Er fährt, wir haben das Steuer links", erkläre ich – denn hier herrscht wie in Indien Linksverkehr. Zögernd lässt der Soldat seinen Arm fallen und winkt uns durch. Sein Kollege zuckt mit den Schultern als wollte er sagen: „Keine Ahnung ob die das schaffen" – doch wir dürfen passieren. Als wir langsam in die Schlucht fahren, verstehen wir, warum so genau ausgewählt wird. Der steinige Weg ist durch starke Regenfälle kaum mehr passierbar. Die Erde hat sich in Matsch verwandelt, oft ist die Piste überspült. Wir müssen breite, trübe Flüsse durchqueren, es ist nicht zu sehen, wie tief das Wasser ist. Große, spitze Steine ragen empor und verheißen nichts Gutes. Die LKW-Fahrer hinter uns hupen trotzdem ungeduldig und drängen uns vorwärts. In der nächsten Kurve steht ein Bus, der sich offenbar festgefahren hat – trotz riesiger Reifen. Die Fahrgäste stehen barfuß bis zum Knie im Wasser und versuchen, ihr Gepäck ins Trockene zu bringen. Uns fällt auf, dass niemand ärgerlich oder gestresst ist, keiner schimpft. Im Gegenteil, manche packen mit an, andere harren scheinbar entspannt der Dinge, die da kommen.

Unsere Nerven dagegen liegen ziemlich blank. Michael muss bei jeder Flussdurchquerung die Ideallinie suchen, damit wir auf keinen Fall mit dem Motor auf den Boden schrammen. Ich laufe vorne weg und räume Steine aus dem Weg oder teste die Wassertiefe. Nach zwei grässlichen Knirsch-Geräuschen hängt unser Lüfterrad nur noch an einer Schraube und die

Aufhängung hat sich zwischen Bus und Straße verkeilt. Hier hilft nur eine schnelle Notreparatur damit wir wenigstens weiterfahren können, denn die LKW's hinter uns hupen ungeduldig. Michael nimmt den größten Hammer, den er finden kann, und schlägt so lange auf die Aufhängung vom Lüfterrad ein, bis es wieder frei wird. Die nervenaufreibende Fahrt setzt sich fort. Am Rand der matschigen Piste stehen überall Soldaten, die vielleicht den Fahrern helfen sollen. Sie sehen sich das Schauspiel von den besten Plätzen aus an, sammeln sich in den spektakulärsten Kurven und bei den steilen Auf- und Abfahrten und schließen wahrscheinlich Wetten ab, wer es schafft und wer nicht. Die Deutschen sind noch im Rennen und quälen sich voran. Unter dem Beifall der Zuschauer meistert Michael auch die letzten rutschigen Kurven und den finalen, sehr steilen Anstieg. Am Ende mit den Nerven aber heilfroh erreichen wir die andere Seite der Schlucht, hier gibt es – Gott sei dank – wieder eine normale Teerstraße.
Das Lüfterrad scheint die unsanfte Behandlung überstanden zu haben und dreht sich noch immer fröhlich, um den Motor zu kühlen.

Auf dieser Rückfahrt können wir dann erfreulicherweise unseren Besuch in Lumbini nachholen. Der sagenumwobene Geburtsort von Buddha ist die friedlichste Sehenswürdigkeit, die ich jemals besichtigt habe. Wider Erwarten gibt es kaum Besucher, keine Menschenschlangen und kein Gedrängel. Der Eintritt kostet für uns Weiße das zehnfache vom Preis, den ein Einheimischer bezahlt – aber das bleibt das einzige Ärgernis hier. Wir wissen nicht genau, ob es an der Nachsaison liegt, oder ob hier immer so wenig los ist. Lumbini, die selbsternannte „Quelle des Weltfriedens“ überrascht uns mit einer ruhigen Atmosphäre ohne Schlepper, die uns ein Taxi, ein Hotel, ein Souvenir, oder sonst etwas andrehen wollen. Das Gelände ist sehr weitläufig und zu Fuß kaum zu erkunden.

Aber wir haben ja unsere Fahrräder dabei! Seit Pokhara haben wir sie nicht mehr benutzt, nur in Diu sind wir regelmäßig zum Einkaufen gefahren – bis wir irgendwann wegen der steigenden Hitze den Versuchungen eines Mopeds erlagen. Damals hat die kleine Diu noch ohne weiteres in den Fahrradkorb am Lenker gepasst. Als ich sie jetzt in den ehemals geräumigen Metallkorb setzen will, passt gerade noch der Hintern rein. Die Beine und Vorderpfoten hängen in der Luft – keine Chance, der Hund ist fast um das Doppelte gewachsen. Also muss Diu – genau wie Gomolf – neben den Rädern herlaufen, während wir uns einige Tempel und Klöster ansehen. Hier sind alle buddhistischen Kulturen vertreten, so finden wir neben dem nepalesischem Tempel einen chinesischen, dessen Eingang von sechs übergroßen, bunten Kriegern bewacht wird. Sie schwingen ihre Schwerter und Waffen in über drei Metern Höhe und blicken grimmig drein. Auch ein Tempel in burmesischem Stil ist dort. Als wir eintreten, sehen wir eine Gruppe Mönche, die in meditativen Gesang vertieft sind. Wir hätten ihnen gerne eine Weile zugehört aber die friedliche Atmosphäre wird schrill vom Gekläffe des Tempelhundes durchbrochen. Solange Gomolf und Diu in seinem Blickfeld sind, kann er sich nicht beruhigen – wir müssen weiterziehen.
Vor der Ruine, in der Buddha angeblich das Licht der Welt erblickt hat, ist ein riesiger Baum mit mehreren Metern Durchmesser und kräftigen Zweigen, die in alle Himmelsrichtungen ragen. An hunderten Ästen hängen Schnüre, an denen bunte Gebetsfahnen aufgespannt sind. Sie bilden lange Girlanden, die fröhlich im Wind wehen. So sollen die Wünsche und Gebete in alle Himmelsrichtungen verteilt werden. Die Tempelanlagen sind umgeben von weitläufigen Grünflächen. Es ist wirklich wunderschön hier und wir sind froh, dass wir noch Zeit für diesen Besuch in Lumbini gefunden haben.

Später an diesem Tag treffen wir den Holländer Wim auf seinem Fahrrad, er kommt uns entgegen und muss schon seit Stunden bergauf strampeln. Wir kennen ihn von Diu. Damals hatte er sich gerade ein Motorrad gekauft und einen kleinen Bauch angesetzt, so dass wir ihm nicht recht glauben wollten, dass er wirklich hierher geradelt ist. Als wir ihn jetzt sehen, kommt er daher wie Arnold Schwarzenegger – vom Bauch keine Spur mehr. „Geht es noch lange bergauf?“ will er von uns wissen. – „Nein... ich glaube nicht“, antwortet Michael. – „Ja ja, ihr Autofahrer merkt das immer gar nicht richtig“, bemerkt Wim lachend, „der Gegenverkehr sagt mir schon seit Stunden dass es flacher wird aber das stimmt nicht!“ – „Nein, wirklich, es wird besser. Aber in etwa achtzig Kilometern kommt eine Schlucht. Die Brücke ist kaputt und der Weg durch das Tal ist überall mit Wasser überspült und schwer zu passieren“, warne ich ihn. „Wir sind mit dem Auto fast am Boden aufgegangen und viele große Fahrzeuge haben sich festgefahren“, fügt Michael hinzu. – „Ja, sowas ist mit dem Fahrrad nicht ganz so schlimm“, erklärt Wim. „Kann sein, dass ich bei der Aktion etwas dreckig und nass werde, aber das ist halb so wild“, überlegt er weiter. Wir wünschen ihm viel Glück bei seiner Weiterfahrt und ziehen den Hut vor seiner sportlichen Meisterleistung. Er ist in die Türkei geflogen und von dort nach Indien geradelt. Jetzt treibt er sich auch noch im bergigen Nepal herum. Es muss Himmel und Hölle zugleich sein, jeden Kilometer selbst zu erstrampeln. Aber der Gedanke fasziniert uns sehr und wir malen uns aus, was wohl für unsere nächste Reise das beste Verkehrsmittel sein würde. „Wir müssen immer auch an die Hunde denken, deswegen ist das mit dem Wohnmobil schon super“, überlegt Michael. – „Mit den Fahrrädern könnten wir nicht so viele Vorräte mitnehmen, vor allem nicht sackweise Hundefutter“, füge ich nachdenklich hinzu.

So grübeln wir über Reisegeschwindigkeiten, Probleme des Hundetransportes und Zollbestimmungen. Wir erwägen Vor- und Nachteile von der Pferdekutsche aus Holz bis hin zum großen Unimog 4x4-Wohnmobil – oder vielleicht doch ein Zweirad? Die Gedanken an eine neue Reise geben uns Mut und trösten uns darüber hinweg, dass wir hier schon auf dem Rückweg sind. Doch dann reißt uns plötzlich ein wohlbekannter Knall zurück in die Realität: Das war ein Reifen. Beim Aussteigen entdecken wir den platten Kandidaten an Brutis Hinterachse, können aber keine äußerlichen Beschädigungen entdecken. „Hm...", überlegt Michael, „wir haben noch Pannenspray dabei. Vielleicht haben wir Glück und es ist nur ein kleines Loch."
Als er das Reifenspray einfüllt, fliegt der weiße Wunderschaum in dicken Flocken durch das Loch direkt auf die Straße. Bei näherem Hinsehen entdecke ich den Riss mit der Größe einer Kinderfaust und sehe skeptisch zu Michael. „Schau mal...", sage ich und halte ihm die Schaumflöckchen unter die Nase, „ich glaube das Loch ist zu groß, ich kann es sehen." Als Michael das Loch erblickt schwinden alle seine Illusionen und unsere Fahrt ist für heute beendet. In einer schweißtreibenden Abendaktion gelingt es uns, den Bruti mit unserem winzigen Wagenheber aufzubocken – aber es ist wirklich kein Spaß! Das Schlimme ist, dass wir die passende Stange zum Hochkurbeln nicht haben, sondern nur ein Brecheisen, dass gerade so halbwegs in die Öffnung passt. Wir wechseln uns ab und kämpfen den Bruti Umdrehung für Umdrehung weiter nach oben. Als er endlich so hoch ist, dass der kaputte Reifen frei über dem Boden schwebt, ist die Sonne bereits untergegangen. Eine halbe Stunde später ist ein indischer Ersatzreifen montiert und der Bruti wieder fahrtauglich.
„Opas armer kleiner Wagenheber, zugelassen für knapp zwei Tonnen. Etwas schwerer sind wir schon, aber er hat es wieder

einmal geschafft", stellt Michael zufrieden fest.
Endlich können wir unseren Abend genießen. Der Reifenplatzer hat uns in ein nahegelegenes Waldstück gebracht, keine Menschenseele ist in der Nähe und die Temperaturen werden endlich angenehm lau. Es ist wunderschön hier – an unserem letzten Tag in Nepal.

## Zurück nach Indien

Unser Bus und der Zeitdruck bringen uns schnell aus der grünen Bergwelt Nepals heraus, wir finden uns am nächsten Tag an der Grenze zu Indien wieder. Die Zöllner sind sehr entspannt und freundlich, während sie geduldig unsere Daten in ihre riesigen Bücher eintragen. Wir treffen einen Schweizer auf dem Motorrad, der unsere letzten nepalesischen Rupien gegen indische eintauscht. Wir geben ihm einen kurzen Abriss über die Straßensituation, die ihn erwartet und sind sicher, dass er eine wunderschöne Reise haben wird. Mit dem Motorrad durch Nepal – wir sind ein wenig neidisch. Für uns bedeuteten die ewigen, kurvigen, bergigen Straßen Stress pur, aber mit dem Motorrad...
Als wir zur indischen Grenze fahren, bemerkt Michael einen Mann, der einen großen Baum absägt und über die Straße fallen lässt, so dass niemand mehr durchfahren kann. Sie überschütten ihn mit Benzin und zünden ihn an. Eine Reaktion auf die drohende Machtübernahme der Maoisten, wie wir später erfuhren. Danach war die Grenze drei Tage lang geschlossen, wir durften gerade noch passieren! Ein Jahr später wurde die Monarchie abgeschafft und Nepal wurde zur föderalistischen demokratischen Republik.

Unsere Rückfahrt durch Indien führt uns durch Uttaranchal und Haryjan. Bis wir letzteren Staat verlassen, ist nicht

herauszufinden, ob hier Alkohol frei erhältlich oder verboten ist. In manchen Orten sehen die Menschen uns böse an, wenn wir nach Bier fragen, in anderen gibt es ganz normale Alkohol-Shops. Laut Reiseführer ist es verboten, doch tatsächlich finden wir keine einheitliche Handhabung.
Zum Mittagessen kühlen wir unsere trockenen Kehlen lieber mit einer kalten Cola, das ist weniger kompliziert. Bei einem solchen Stopp sehen wir einen Pilger, der sich die Straße entlang wirft. Erstaunt beobachten wir sein Tun. Tatsächlich hat sich der Mann wohl die Bürde auferlegt, das Ziel seiner Reise zu erreichen, indem er sich Körperlänge um Körperlänge auf die Straße wirft. Nach jedem Meter rappelt er sich auf, um erneut auf die Knie zu sinken und mit den Händen den Punkt zu markieren, an dem er weitermachen darf. Er ist grau vom Staub der Straße und die Polster an seinen Knien und Ellbogen zerfallen schon fast. Er wird von einem kleinen Grüppchen begleitet, die aber aufrecht gehen und ihn mit Getränken unterstützen. Soviel Demut haben wir noch nie gesehen, zumal das Ziel des Mannes noch hunderte Kilometer entfernt liegen mag. Vielleicht zieht es ihn nach Kailash, dem heiligsten Berg der Hinduisten und Buddhisten. Höchstes Ziel aller Anhänger der Religionen ist es, den Berg 108-mal zu umrunden. Dann können sie, so der Glaube, die Erleuchtung erreichen. Wir wünschen dem Mann, dass er nach seiner beschwerlichen Reise wohlbehalten ankommen mag.

Nach einigen Tagen überfahren wir die Grenze zum Bundesstaat Punjab. In den Städten leuchten uns wieder die bunten Turbane der gläubigen Sikhs entgegen. Die Leute hier sind viel freundlicher und betrachten uns nicht automatisch als wandelnde Geldscheine.
An den Abenden finden wir stellenweise nur schwer Schlafplätze. Oft lösen wir die gewohnten Menschenaufläufe aus, die sich dann zäh und geduldig vor dem Bruti

positionieren. Eines Abends steht sogar der Bürgermeister eines Dorfes vor unserem Bus und lädt mich in sein Haus ein. Um ihn nicht zu enttäuschen, fahre ich mit ins Dorf. Dort angekommen werde ich mit Fragen bedrängt, sie können sich kaum ausmalen, wo ich herkomme.
Der Bürgermeister bittet mich um Auskunft, wie er seine Tochter nach Amerika zum Studieren schicken kann. „Sie braucht erst mal einen Pass, dann ein Visum oder eine Greencard. Da müsst ihr mal bei der amerikanischen Botschaft fragen", erkläre ich.
Ich bezweifle stark, dass das kleine Mädchen diesen Traum jemals umsetzen kann. Und das, obwohl ihr Vater anscheinend durchaus Geld und Einfluss hat – aber eben nur in einem kleinen indischen Dorf irgendwo im Punjab. Als ich zum Bruti zurückgefahren werde, gelingt es dem Mann dann tatsächlich, unsere Zuschauer nach Hause zu schicken und wir genießen eine ruhige Nacht.

An unserem letzten Tag in Indien holen wir nach, was wir auf der Hinreise nicht geschafft hatten: Wir besuchen den goldenen Tempel in Amritsar. Er ist das höchste Heiligtum der Sikhs, erbaut im 16. Jahrhundert von ihrem fünften Guru Arjun Dev. Nach dem Ausbau der Tempelanlage im 19. Jahrhundert entwickelte sich die nahe Siedlung zu einer richtigen Stadt. Amritsar verdankt seinen Namen dem Tempelteich *Amrit Sarovar*. Das Gewässer steht den Gläubigen zu Waschungen zur Verfügung. Inmitten dieses künstlichen Sees liegt der Tempel selbst auf einer Insel, er ist über und über mit Blattgold bedeckt. Das Bauwerk wird nach außen hin von einer großen Palastanlage umgeben. Diese hat je ein Tor auf allen vier Seiten, was die Offentheit der Sikhs gegenüber allen Menschen und Religionen symbolisieren soll. Der goldene Tempel selbst ist über einen Steg zu erreichen und hat wiederum vier Eingangstüren, die den freien Zutritt für alle vier

Hauptgruppen des hinduistischen Kastensystems veranschaulichen sollen. Seit 1604 wird an diesem Gebetsort das heilige Buch der Sikhs, *Guru Granth Sahib* aufbewahrt. Tagsüber sitzen dort Priester, die immerfort daraus rezitieren. Ihre Gesänge werden musikalisch untermalt und sind über Lautsprecher auf dem gesamten Gelände zu hören.
Bevor wir eintreten dürfen, müssen wir Schuhe abgeben und unseren Kopf verhüllen – Männer wie Frauen. Eintritt wird nicht verlangt.
Das eindrucksvolle Bauwerk wirkt auf uns wie eine Mischung aus Moschee und Tempel. Vor allem die Mosaike auf den großen Boden- und Wandplatten erinnern uns an muslimische Bauwerke. Im Inneren des Tempels hingegen sind alle Wände mit kunstvollen Skulpturen bedeckt, ähnliche hatten wir schon in anderen Hindu-Tempeln gesehen.
Auf dem Gelände befinden sich auch Speise- und Schlafsäle für die täglich bis zu 2000 Pilger. Sie dürfen hier übernachten und bekommen kostenlos einfache Mahlzeiten. Touristen sind genauso willkommen und erfahren die gleiche Behandlung. Die Anlage ist sauber und gepflegt. Der Boden wird täglich gewischt, im Inneren des Tempels angeblich sogar mit Milch. Wir sind hier zusammen mit hunderten anderen Besuchern und Pilgern. Die Menschen sprechen nur flüsternd oder mit gedämpften Stimmen. Durch die Hitze bekommt alles noch eine drückende Note.

Später an diesem Tag legen wir die letzten Kilometer auf indischem Boden zurück. Insgesamt fast drei Monate haben wir hier verbracht. Wenn ich an diese Zeit denke, denke ich an ein Meer von farbigen Turbanen, endlos weite Wüsten, bunte Touristenstädte, scharf-würziges Essen, bettelarme Slums, freundliche, runde Gesichter, Sandstrände und Wälder. Ich denke an süße und bittere Erfahrungen, höfliche und anstrengende Menschen, ungewohnte Gepflogenheiten und eine Einstellung zum Leben, die definitiv anders ist als in unseren Breiten. Ich denke an: Indien. Ich hoffe sehr, dass ich dieses Land noch öfter bereisen werde!

Doch heute lassen wir es für unbestimmte Zeit hinter uns. Einen Tag bevor unser Visum abläuft, erreichen wir mit gemischten Gefühlen die Grenze. Wir sind froh, dass wir es rechtzeitig geschafft haben, gleichzeitig ist uns angesichts dessen, was vor uns liegt, etwas bange.

## Bangen in Pakistan

Der Grenzposten auf der pakistanischen Seite bringt uns neben Herzrasen das Gefühl, nur haarscharf einem Gefängnisaufenthalt entkommen zu sein. Wir haben drei Flaschen Whiskey als Mitbringsel aus Indien an Bord – hierzulande ein schweres Vergehen. Eigentlich wollten wir noch einen Kanister besorgen aber Bruder Leichtfuß war im Spiel und verleitete uns dazu, die Flaschen nur nachlässig oben auf dem Bett zu verstecken – wir wurden auf der ganzen Reise noch nie richtig kontrolliert. Zu unserem Glück hat Michael die heiße Ware wenigstens ganz nach hinten geschoben und mit der Bettdecke getarnt, denn was jetzt folgte, hat uns ziemlich kalt erwischt. Wir sind in eine dumme Falle getappt, die uns heute noch ärgert. Am Zollhäuschen fängt uns ein Mann ab, der uns eindringlich beschwört, dass seine Kollegen Alkohol finden würden, falls wir welchen an Bord hätten. Er könne aber dafür sorgen, dass sie nicht bei uns suchen. Als Gegenleistung sollen wir ein wenig Geld bei ihm wechseln – zu einem einträglichen Kurs für ihn. Wir zögern eine Weile, lassen uns dann aber doch von unserer Angst vor den Zollbeamten leiten und stimmen dem Geschäft zu. Das war ein Fehler. Natürlich arbeitet der Mann mit ihnen zusammen und ist allein dafür zuständig, herauszufinden, welche Reisenden etwas zu verbergen haben. Auf sein Kommando beginnen zwei Beamte, unseren Bruti ausgiebig zu filzen. Uns schlägt das Herz bis zum Halse.

Während sie alle Türen und Schränke öffnen, tut Michael alles, um ihr Vertrauen zu gewinnen. „Seht mal, ich habe sogar den Koran dabei!", erklärt er triumphierend und zieht die heilige Schrift aus dem Schrank. Die Männer erstarren. Der Kleinere schickt seinen Kollegen nach draußen und redet eindringlich auf Michael ein: „Du hast vorhin Deinen Hund berührt und jetzt fasst Du das heilige Buch an? Das ist eine große Sünde, denn Hunde gelten bei uns als übermäßig unreine Tiere!" Daraufhin machen sie sich mit noch mehr Eifer auf die Suche nach den verhängnisvollen Flaschen: „Alle Europäer und Amerikaner trinken Alkohol, also auch ihr! Keiner ist anders!" sagt er mit grimmiger Miene und wirft einen flüchtigen Blick auf unser Hochbett. „Wir sind anders, mein Vater ist Muslim!" erklärt Michael verzweifelt. „Ich heiße Michael Jussuf Fleischmann, das könnt ihr im Pass nachlesen! Wir trinken keinen Alkohol. Manchmal haben wir mit der pakistanischen Polizei Haschisch geraucht...", gesteht er.

Das interessiert den Mann überhaupt nicht. Unser großes Glück ist schließlich, dass er zu klein ist um hinten in das Bett zu sehen. Er will auf die Toilette steigen, um hinzukommen, aber Michael stoppt ihn: „Nein nein, das ist unsere Toilette. Die ist sehr unrein... und nicht stabil, die geht kaputt. Oben ist nur unser Bett." Tatsächlich gelingt es den beiden nicht, unser wenig kluges Versteck zu enttarnen und sie geben uns noch eine kleine Nachhilfestunde in Islamkunde: „Der Koran, das heilige Buch, muss am höchsten Platz in eurem Fahrzeug liegen." Er betrachtet unseren Bruti von außen und deutet auf die Dachbox: „Eigentlich dort oben. In ein samtenes Tuch eingewickelt. Und bevor Du es berührst, musst Du Dir ausgiebig die Hände waschen. Und Du darfst auf keinen Fall den Hund anfassen! Am besten Du sperrst ihn ein, wenn Du im heiligen Buch liest." Unterwürfig versichern wir, es künftig genau so zu handhaben und sind unendlich erleichtert, als wir fahren dürfen..

„Drei Flaschen Whiskey, das wären wahrscheinlich drei Jahre Knast oder ein paar tausend Dollar Schmiergeld“, murmelt Michael fassungslos. Der Schock sitzt tief und wir sind fahrig und ausgelaugt, als wir durch die Straßen der Grenzstadt Lahore tingeln. Erschöpft wählen wir einen Schlafplatz in einer ruhigen aber bewohnten Seitenstraße, in der Hoffnung dass unsere Anwesenheit hier nicht allzu viel Aufsehen erregen würde. Als nächstes steuern wir ein Fastfood-Restaurant und beißen nach vier Monaten Hühnchen, Reis und Gemüse endlich mal wieder in eine Kuh. Ein bleibendes Erlebnis. Zu unserer Überraschung sehen wir hier viele Frauen auf der Straße und vereinzelt sogar welche ohne Kopftuch. Die kulturellen Unterschiede von einer pakistanischen Großstadt zum Landleben könnten nicht größer sein.
Bis zum Abend gibt es noch keine besonderen Vorkommnisse an unserem Lagerplatz und so keimt in uns die Hoffnung auf eine ruhige Nacht. Für mich ist das auch so und ich schlafe tief und selig bis zum nächsten Morgen. Doch Michael wird gegen ein Uhr nachts von lautem Klopfen wach. Der Hund bellt und Michael geht langsam aus dem Bruti. All das vermag mich nicht aufzuwecken und so erzählt er mir erst am nächsten Tag, was draußen passiert ist:
Ein paar Halbstarke hatten sich vor dem Bruti aufgebaut und leuchteten mit einer Taschenlampe herum. Sie haben sich als Polizisten ausgegeben und wollten Michaels Ausweis sehen. Der schüttelte dem Anführer die Hand, hielt sie fest und sagte ganz leise: „Zuerst will ich Deinen Ausweis sehen.“ Gomolf stand hinter ihm und knurrte. Der Junge wurde langsam unsicher, auch seine Kumpels bekamen große Augen. Sie schwangen sich schließlich auf das wartende Moped. Der 'Polizist' wollte auch abhauen, die blanke Angst in den Augen. Gomolf bellte laut. Da ließ Michael seine Hand los und die Bande zog ab – mit Vollgas. Dann war die ganze Nacht Ruhe.

Unsere Fahrt nach Islamabad führt uns überraschenderweise auf einer vierspurigen Autobahn mit Standstreifen durchs Land. Die Straße ist nagelneu und wurde – laut Schildern – von Deutschland und den USA finanziert. So etwas haben wir hier in Pakistan noch nie gesehen! Wir fliegen nur so durch die Wüste und erreichen am selben Nachmittag die Hauptstadt. Dort angekommen finden wir tatsächlich den sagenumwobenen Campingplatz. Ja, es gibt einen Campingplatz am Stadtrand von Islamabad. Für uns eine kleine Sensation, denn neben dem Platz in Pame, Nepal, bleibt es der einzige Ort dieser Art, den wir während unserer Reise aufgesucht haben. Es gibt auch tatsächlich Wasser und Strom und wir bezahlen erträgliche vier Euro pro Tag. An diesem Platz hat sich unter den grünen Bäumen ein lustiges Grüppchen Overland-Reisender angesammelt. Von Franzosen, die einen riesigen Renault-Truck fahren, der sogar eine richtige Waschmaschine an Bord hat, bis zu weitestgehend mittellosen Amerikanern, die ausschließlich per Zug oder Anhalter unterwegs sind, ist hier alles dabei. Wir haben sehr lustige Abende mit diesen kunterbunten Menschen, die von allen Erdteilen hier angespült wurden. Eines haben fast alle hier gemeinsam: Sie warten auf ein Visum von irgendeinem Nachbarland und tauschen eifrig Tipps und Vermutungen aus, wie man wohl schnellstens an den begehrten Aufkleber herankommen könnte. Alle wollen hier so schnell wie möglich weg. Keinem hier entgeht die angespannte Atmosphäre, die überall in der Stadt zu spüren ist. Es sind viele Soldaten und Polizisten unterwegs und die Menschen wirken gehetzt und angespannt.

Wir finden uns schon am nächsten Tag in der iranischen Botschaft ein. Das Botschaftsviertel in Islamabad ist riesig, so etwas haben wir noch nie gesehen. Umgeben von einer hohen Steinmauer sind die einzelnen Botschaftsgebäude auf dem weitläufigen Gelände verteilt, zu Fuß ist der Zutritt untersagt.

Man darf auch keinesfalls mit dem eigenen Fahrzeug rein fahren. Stattdessen wird jeder Besucher gezwungen, ein Busticket für etwa drei Euro zu kaufen, um sich dann zusammengedrängt nach langer Wartezeit zu der gewünschten Botschaft bringen zu lassen. Auch die Rückfahrt muss in den stickigen Bussen absolviert werden. Wenn man im Notfall zu seiner Botschaft muss und keinen Cent Geld mehr in der Tasche hat – z. B. nach einem Überfall – dann wird die erzwungene Buskarte schnell zum Hindernis.

Wir haben uns auf diesen Besuch bestens vorbereitet, da wir alles daran setzen wollen, unser Iran-Visum vor der üblichen Wartezeit von ca. vierzehn Tagen zu erhalten. Zwei Wochen auf dem Campingplatz in Islamabad – da haben wir keine Lust drauf. So haben wir eine gute Geschichte auf Lager als der Botschafter uns befragt. „Mein Vater ist Muslim", erzählt Michael im Brustton der Überzeugung. „Leider ist er sehr krank und ich muss so schnell wie möglich nach Hause. Iran ist so ein riesiges, wunderschönes Land und wir brauchen sowieso sehr lange, bis wir wieder in Deutschland sind. Daher möchten wir so schnell wie möglich weiterfahren. Mein Vater liegt schon im Krankenhaus und ich bin in großer Sorge dass ich nicht rechtzeitig nach Hause komme!" Die Geschichte beeindruckt den Botschafter sehr, trotzdem bittet er auch mich noch zu einer Einzelbefragung. Ich folge ihm in ein kleines Kämmerchen. Mein Kopf ist angemessen mit einem Tuch verhüllt, das ist Teil unseres Plans. Der Mann spricht mich auch gleich darauf an und will meine Einstellung zum Islam kennen lernen. „Trägst Du das Kopftuch gerne?" frägt er scheinheilig. – „Ich trage es, weil ich großen Respekt vor Eurer Religion und der Kultur habe", antworte ich ihm. Der Mann ist sichtlich erfreut, doch er bleibt sachlich als er uns mitteilt, dass wir am selben Nachmittag wiederkommen und unsere Pässe mit den Visa abholen dürfen. Als Gegenleistung wünscht er sich von uns einen kurzen Bericht über unsere Hinreise durch den Iran. Er bittet uns, aufzuschreiben, was uns besonders gut gefallen hat. Still kichernd und unter der Beobachtung von zahllosen Kameras stellen wir uns der Aufgabe, bei der wir uns wie beim Schulaufsatz fühlen. Wir schwärmen von den gastfreundlichen Iranern, der beeindruckenden Landschaft und den guten Preisen für Diesel. Am Nachmittag bekommen wir wirklich die Pässe zurück – mit einem Iran-Visum darin. Zuvor allerdings nimmt der Angestellte der Botschaft Michael noch einmal beiseite. „Wenn Ihr im Iran seid... musst Du Deine Frau noch mehr verhüllen", gebietet er ihm freundlich, aber bestimmt. Mein Mann ist fassungslos, bekommt aber noch ein Lächeln und eine Geste der Zustimmung zustande. Er kommt zu mir zurück und mustert mich nochmal flüchtig: Weite Herren-Jeans, ein riesiges, labbriges Sweatshirt – beides aus Michaels Kleiderschrank – und dazu ein großes Kopftuch, original aus dem Iran. „Ich soll Dich im Iran noch mehr verhüllen", sagt er leise zu mir, als wir innerlich grinsend die Botschaft verlassen.

Wir treten freudig wieder ins Freie. Hier draußen warten bereits die Franzosen, die wir vom Campingplatz kennen. Auch sie brauchen ein Visum für den Iran und fürchten sich vor längerer Wartezeit. Ich leihe der Mutter der Familie mein Kopftuch und versichere ihr, es wäre von Vorteil, es in der Botschaft aufzusetzen. Verschämt schiebt sie es in ihre Tasche und meint, sie könne es ja benutzen wenn sie dazu aufgefordert wird. Wir hingegen sind überglücklich über unseren Erfolg, da wir noch nie gehört hatten, dass man das Visum so schnell bekommen kann. Wir kehren zum Campingplatz zurück. Zur Feier des Tages haben wir ein ganzes Grillhähnchen erstanden. Dieses Festmahl teilen wir uns nun mit unseren Hunden.
Später kehren die Franzosen zurück, sie sind etwas niedergeschlagen. Die Frau gibt mir das Kopftuch wieder und erklärt, dass sie zehn Tage auf ihre Visa werden warten

müssen. „Das Kopftuch habe ich nicht aufgesetzt", erzählt sie mir, „das können die ja nicht von mir verlangen. Ich bin ja schließlich Europäerin." So hat jeder seine eigene Taktik und wir sind glücklich, als wir dem Campingplatz am nächsten Morgen wieder den Rücken zukehren können.

Unsere Fahrt durch die steinigen Berge Pakistans führt uns immer wieder durch unterschiedliche Landschaften. Auch hier hat es in der Zwischenzeit vielerorts geregnet und es ist um einiges grüner als bei der Hinfahrt. Doch wie in Nepal bleibt das nicht ohne Auswirkungen für den Straßenbelag. Mitten in der Wüste wandelt sich die vormals gute Straße in eine Steinpiste, die sich waghalsig an den Bergen entlang windet. Hier wird gerade alles saniert, doch es ist noch lange nicht fertig. Die Bagger stehen still und werden den steigenden Fluten des nahen Flusses wohl nicht so einfach Herr. Wir müssen dann auch noch einen Umweg durch ein Flussbett fahren, da ein großer LKW mit einer Reifenpanne den sicheren Teil der Straße blockiert. Erneut sehen wir uns mit trübem Wasser und spitzen Steinen konfrontiert und haben auch Angst, dass das ganze Auto auf dem Matsch den Halt verlieren und zur Seite kippen könnte. „Auf geht's Gomolf, geh' voran damit ich sehe, wie tief das Wasser ist", befiehlt Michael. Gomolf gehorcht und gönnt sich eine Abkühlung. Das Wasser reicht ihm bis zur Brust – zu tief für den Bruti. „Ok, Schnuck, wir müssen einen anderen Weg suchen", erklärt Michael und wendet.
Wir quälen den Bruti weiter über steinige Furchen, trübe Flüsse und enge Kurven. Dann haben wir es fast geschafft, doch das größte Hindernis liegt noch vor uns: Auf einem schmalen, steilen, matschigen Weg geht es aus dem Flussbett heraus. Am Ende wartet eine gewagte Haarnadelkurve, bevor es wieder geradeaus geht
Michael hält an und betrachtet kopfschüttelnd die aufgeweichte

Piste. Doch es hilft nichts, der LKW mit der Panne macht keine Anstalten, den Platz zu räumen, also müssen wir da rauf. Natürlich haben sich mittlerweile ein paar Zuschauer angesammelt, die neugierig wissen wollen, ob unser Auto das packt. Also los: Gang rein, Vollgas und rauf auf die Piste. Das Schlimmste, was uns passieren kann ist, dass wir linksseitig abrutschen und seitlich umkippen. Nach wenigen Metern versagen die Kräfte des Motors und die Reifen rutschen ohne Halt durch den Matsch. Unaufhaltsam schliddern wir wieder bergab und Michael kann nichts tun außer so zu lenken, dass wir nicht vom Weg abkommen. Zum Glück gelingt ihm das und ohne ein Wort startet er einen neuen Versuch. Diesmal kommen wir ein bisschen höher als beim ersten Mal, doch die Kuppe ist immer noch unerreichbar. Der Bus rutscht wieder ungebremst zurück und die Reifen blockieren. Hier erreichen wir die Grenzen von Brutis Kräften. Auf Michaels Stirn sammeln sich kleine Schweißperlen. „Mehr Anlauf“, bemerkt er kurz und legt den Rückwärtsgang ein. Viel Platz haben wir nicht, aber wir nutzen die maximale Strecke. Bevor es losgeht, atmet er noch einmal tief durch. „Jetzt oder nie. Wir müssen es schaffen, das ist der dritte Versuch. Du weißt ja, immer drei“, versucht er, sich Mut zuzusprechen. – „Ja, Du schaffst es“, feuere ich ihn an. Michael knallt den Gang rein, lässt den Motor kurz aufheulen und startet so schnell er kann, ohne dass die Reifen durchdrehen. Diesmal haben wir mehr Schwung, bei der steilen Stelle rutschten wir nur kurz zur Seite, aber es gelingt Michael, die Kontrolle gleich wieder zurückzuerlangen. Oben angekommen reißt er das Steuer herum, um die enge Kurve zu erwischen. Geschafft! Wir stehen oben und können nun einen Blick zurück auf das Flussbett werfen. Wir sehen nochmal die ganze Strecke mit all ihren Schikanen. Zum Glück müssen wir da nie wieder durch!

Als wir nach tagelanger, anstrengender Fahrt wieder das uns

vertraute Dorf Qila Saifullah erreichen, suchen wir auf Verdacht wieder unsere früheren Gastgeber, die Jogazai-Familie auf. Tatsächlich werden wir sofort freundlich von einem Cousin von Mamoon empfangen, der uns gleich wiedererkannt hat. Wir genießen ein paar Tage im Trubel der Gastfreundschaft und werden von einem Anwesen der Familie zum nächsten kutschiert. Ein entfernter Onkel ist ein bekennender Hundefreund und hat ein verstörtes, zerfleddertes, aber großes Exemplar eines Boxer-ähnlichen Hundes, das sein Dasein an einer etwa 50cm langen Kette fristen muss. In diesem winzigen Radius muss er fressen, sich entleeren und zur Ruhe legen. Nur nachts darf er frei laufen. Als wir mit Gomolf und Diu sein Blickfeld betreten, gerät er in helle Aufregung. Er bellt laut und wackelt mit dem Schwanz, er wirkt eher verspielt als aggressiv. Sein Stachelhalsband ist sehr eng und er hat keine Chance, seinen Bewegungsdrang irgendwie auszuleben. Der Anblick bekümmert mich und ich bitte unseren Gastgeber zu veranlassen, dass der Hund wenigstens etwas mehr Leine bekommt. Mein Anliegen findet kein Gehör und ich drehe frustriert eine Runde in dem Garten. Als ich noch ein paarmal nachhake, erbarmen sich schließlich zwei der Bediensteten und lockern die Kette des Hundes, so dass er einen etwas größeren Radius bekommt. Ich bin froh, dass der Besitzer dieses Anwesens gerade verreist ist und uns nicht begegnet.

Unser Gastgeber Kessar verweist uns für unseren Aufenthalt in Quetta an seinen Cousin Aquil, der telefonisch vorab informiert wird. Als wir uns von Kessar verabschieden, fahren wir in dem Gedanken, dass wir ihn vermutlich nicht mehr wiedersehen werden. Doch schon eine halbe Stunde später kommt er hinter uns laut hupend mit seinem Jeep angefahren. Seine Frau und Kinder sitzen winkend in dem Wagen und so halten wir an. Wir haben es doch tatsächlich fertiggebracht, unsere Reisepässe in Quila Saifulla zu vergessen! Wir haben es noch nicht einmal gemerkt und sind total überrascht, als Kessar uns die wertvollen Dokumente überreicht. Wir haben schon wirklich unverschämtes Glück – aber so etwas darf uns nie wieder passieren!

Für Quetta haben wir uns ganz besondere Pläne vorgenommen. Seit wir in Diu den kleinen Hund aufgenommen haben, plagt uns der Gedanke, wie wir sie sicher über die Grenze nach Europa bekommen sollen. Dafür benötigt man einen Heimtierausweis mit allen Stempeln von sämtlichen Impfungen, außerdem einen Chip, der dem Hund implantiert werden muss. Was den Chip betrifft: Keine Chance, den zu bekommen. Da müssen wir hoffen, dass es nicht so genau genommen wird. Einen Heimtierausweis würden wir aber schon gerne vorweisen können. Bei uns zu Hause gibt es den bei jedem Tierarzt. Doch in den Regionen, in denen wir uns aufhalten, ist dieses Dokument nicht aufzutreiben. Wir bezweifeln, dass es in Pakistan überhaupt eine Behörde oder Gesetze für Hunde gibt – was nicht so schlecht für uns ist, denn wir möchten hier einen Heimtier-Pass basteln. Zu unserem großen Glück kennen wir eine deutsche Tierärztin, die uns eines der Dokumente für die kleine Diu reserviert. Leider war es nicht möglich, dass sie ihn zu uns schickt, denn die Zeit ist knapp und eine verlässliche Adresse schwierig zu bekommen. So gibt uns die Tierärztin die registrierte Nummer des Passes. Wir haben Gomolfs Original-Pass im Gepäck und wollen versuchen, eine Kopie zu erstellen – mit der anderen Nummer. Wir wähnen uns in Quetta am richtigen Ort für eine solche Mission, hier sollte sich doch jemand auftreiben lassen, der so etwas macht, schließlich sind wir im Pulverfass Pakistan, im Taliban-Land. Mit der Hilfe von Aquil Jogazai, der uns als Dolmetscher unterstützt und mit seinem Auto durch die Stadt fährt, sollte das zu schaffen sein.
Ich hätte niemals zu glauben gewagt, welchen Aufwand wir an

diesem Tag betrieben haben, um an den Impfpass für den kleinen schwarzen Hund heranzukommen. Die Kopie des Heimtierausweises entpuppte sich als nicht-endend-wollende Schnitzeljagd durch ganz Quetta:

*Aus meinen Tagebuchaufzeichnungen:*

- erste Anfrage an einem Foto color Lab. Sie trauen sich nicht und schütteln den Kopf
- Wir fragen, ob es denn möglich wäre einen Farbausdruck von einer CD zu machen. – Nur in dem anderen Shop
- Anderer Shop: Von CD geht es nicht, da unser PC nicht läuft. Er gibt uns die Adresse eines weiteren Shops.
- Dort: „Nein, das können wir nicht machen, das ist illegal“, antworten sie erschrocken, als sie die EU-Flagge auf der Vorderseite sehen. So entschließen wir, die Bildbearbeitung von Gomolfs Ausweis selbst zu machen und danach jemand zu suchen, der uns einen Farbausdruck davon macht. Also brauchen wir einen PC mit Bildbearbeitungs-Software und Scanner. Wir fragen nach einem Internetcafé.
- 1. Café: kein Scanner
- 2. Café: kein Scanner
- 3. Café: Scanner, aber kein Bildbearbeitungsprogramm. „Solche Software ist in ganz Quetta nicht zu finden“, erklärt uns ein Mann.
- Sein Nebenmann wendet sich uns zu und sagt: „Gleich ums Eck sind zahlreiche Software-Shops, da gibt es alles Mögliche.“
- Ausweisseiten gescannt und auf CD gebrannt.
- Im nächsten Shop ein professionelles Bildbearbeitungsprogramm für fünfzig Cent besorgt.

- Wir versuchen, es auf unserem Laptop zu installieren. Das bricht zusammen und macht gar nichts mehr.
- Zurück ins Internetcafé: „Könnt Ihr die Software auf einem der PC's installieren?“ - „Ja, gegen 1,50 Euro Gebühr.“
- Zweites Café: „Geht das bei Euch umsonst?“ - „Nein?“
- Drittes Café: „Geht es vielleicht bei Euch?“ - „Nein.“
- Zurück zum 1. Café: Wir zahlen missmutig die Gebühr.
- Ich sitze geschlagene drei Stunden an dem staubigen Rechner und bearbeite die Scans von Gomolfs Pass-Seiten, eine nach der anderen. Die neue Nummer muss rein und seine Eintragungen müssen raus. Es ist unglaublich viel Arbeit, erst ungezählte Klicks später bin ich endlich zufrieden.
- Zwischendurch will Aquil wissen, ob wir noch lange brauchen. Er will nicht so lange auf uns warten. So schreibt er uns seine Handynummer auf und wir vereinbaren, dass wir ihn anrufen, sobald wir fertig sind.
- Als ich meine Arbeit endlich auf CD gebrannt habe, versuchen wir, die Nummer anzurufen. Sie funktioniert nicht.
- Status: Wir haben immer noch keinen zweiten Heimtierausweis. Wir hängen irgendwo in Quetta und haben keine Ahnung wo unser Bruti ist. Unsere Hunde warten dort seit über neun Stunden auf uns. Unser einziger Kontakt ist nicht zu erreichen oder hat uns eine falsche Nummer gegeben. Wir sind aufgeschmissen!

*Ende Tagebuch.*

Wir haben dann immer wieder versucht, die Nummer anzurufen. Ich laufe verzweifelt in eine Arztpraxis, denn der

Doktor hat denselben Familiennamen wie unser Gastgeber Aquil. Doch er kennt ihn nicht. Mittlerweile hat sich eine handvoll hilfsbereiter Leute angesammelt, die mir ihre Handys zur Verfügung stellen, damit ich unermüdlich die tote Nummer wähle. Es bringt nichts, aber die Menschen machen uns Mut. Michael fährt mit zwei der Männer zu dem Restaurant, in dem er mittags mit Aquil war. Vielleicht kennt ihn jemand dort. Fehlanzeige. Sie machen sich erneut auf den Weg und suchen die Straßen nach etwas ab, was Michael wieder erkennen könnte. Ich warte unterdessen mit den anderen Leuten, die sich unserem Problem angenommen haben. Es werden immer mehr Menschen und ich muss ständig erzählen, was passiert ist und wo das Problem liegt. Ein neuer Schaulustiger hat sich zu uns gesellt. Als er die Geschichte vom vermissten Auto aus Deutschland hört, versteht er nur die Hälfte. „Aber wo ist Dein Auto?“, will er wissen. Ich stöhne und richte meine Arme gen Himmel. „Nur Allah weiß jetzt, wo das Auto ist“, sage ich theatralisch, „wir haben es verloren!“ Genau in diesem Moment geschieht ein kleines Wunder. Ein wohlvertrautes Brummen ist zu hören und wenige Augenblicke später fährt Michael hupend mit dem Bruti vor. „Da ist es ja!“ rufe ich außer mir vor Freude und deute auf das wunderschöne, orange Gefährt. Michael steigt strahlend aus und wir fallen uns in die Arme. Die armen Hunde waren zehn Stunden im Bruti eingesperrt und freuen sich genauso wie wir über das Wiedersehen. Die Männer hingegen, die Michael engagiert beim Suchen geholfen haben, springen so schnell sie können wieder aus dem Auto. Seit sie die Hunde gesehen haben ist von keiner Einladung mehr die Rede und sie verabschieden sich fluchtartig – wir können uns gerade noch bedanken.

Am nächsten Tag wollen wir unser Heimtierausweis-Projekt vollenden: Wir müssen die Pass-Seiten nun ausdrucken lassen und finden schon bald einen passenden Shop.

Als der junge Mann einen Blick auf meine Arbeit wirft, schüttelt

er den Kopf und erklärt: „Man sieht, dass Du es verändert hast.“ Ich blicke überrascht in sein freundliches Gesicht und ergreife die Gelegenheit beim Schopf: „Kannst Du mir helfen?“ frage ich vorsichtig.
Der Mann stimmt zu und verbringt erneut vier Stunden vor dem Computer. Am Ende entsteht tatsächlich eine brauchbare Druckvorlage. Unglücklicherweise ist es nicht möglich, die Seiten beidseitig zu bedrucken. So kleben sie die Vorder- und Rückseiten des Passes mit Klebestift zusammen und drücken uns dann endlich das fertig geheftete Exemplar in die Hand. Es ist nicht ganz so toll, wie wir es uns vorgestellt hatten. Es fühlt sich anders an als das Original und ist wesentlich dicker. Trotzdem hoffen wir, dass wir damit durchkommen werden und bedanken uns ganz herzlich bei den Helfern.

Unseren „Gastgeber“ treffen wir nur noch einmal. Wir zeigen ihm unverblümt unsere Enttäuschung. Noch am selben Abend kehren wir Quetta den Rücken zu, wir wollen hier weg. „Am Stadtrand schießen sie immer wieder von den Bergen auf die Straße“, hatte uns Aquil gesagt – daher wollten wir hier nicht länger als nötig bleiben.
„Sind wir hier noch richtig?“, will Michael wissen, als wir wieder in der Wüste sind. Die dürftige Beschilderung gibt nicht viel her und so campieren wir für die Nacht an Ort und Stelle. Wir sind an einer großen Baustelle zwischen Türmen an Baumaterial. Die Handwerker entdecken uns am nächsten Morgen schon früh und versuchen, einen Blick in den Bruti zu erhaschen. Um sechs Uhr klopfen sie das erste Mal, lachen und ärgern den Hund. Als Michael kurz nach draußen geht, stecken die ersten neugierigen Arbeiter ihren Kopf in die Seitentür. Ich blicke vom Bett auf sie herab und frage unfreundlich, ob ich ihnen helfen kann – schon sind sie weg. Als ich Michael die Geschichte erzähle, wird er ärgerlich, läuft nach draußen und schimpft die komplette Arbeiterschaft – gut fünfzig Mann. „Ihr

seid doch Moslems!“, ruft er ärgerlich. „Aber meine Frau liegt im Bett und ihr kommt um sie anzusehen?! Ihr schaut in mein Heim! Wir wohnen hier! Das machen doch keine guten Moslems!“ Daraufhin kommt der Chef der Leute und entschuldigt sich tausend Mal für die ungebildeten Arbeiter. Er sei Punjabi, das sind gute Menschen. Doch die Leute hier sind Baluchen, dreckige Bastarde. Doch damit nicht genug: „Alle Menschen sind dreckige Bastarde. Wie die Hunde. Nur Allah ist groß. Das sagt mir meine Religion.“ Dieses Zitat werden wir niemals vergessen, leider bekommen wir keine weitere Erklärung dazu.

Der Mann organisiert uns schließlich ein reichhaltiges Frühstück als Entschädigung für die Störenfriede früh am Morgen. Wir sind sehr dankbar und starten frisch gestärkt unsere weitere Fahrt. Die Straßen sind immer noch reichlich schlecht und wir kriechen nur langsam voran. Alles wackelt und schaukelt, Michael muss riesigen Schlaglöchern und gefährlich, spitzen Steinen ausweichen. Es ist ein absoluter Nervenkrieg. Nach mehreren Stunden Fahrt hat Allah endlich ein Einsehen mit uns und eine glatte Teerstraße beginnt. Doch was ist das? Beim nächsten Ortsschild werfen wir einen besorgten Blick auf unsere Landkarte: Wo sind wir hier? Dann erkennen wir die bittere Wahrheit: Wir hätten schon kurz nach Quetta eine andere Abzweigung nehmen müssen. Die haben wir verpasst – und sind seit gestern Abend in der falschen Richtung unterwegs. „Das heißt...“, flüstert Michael fassungslos, „wir sind die Höllenstraße ganz umsonst gefahren?“ Doch die Wahrheit ist noch schlimmer: Wir müssen sie sogar noch einmal fahren. Das schmerzt wirklich, vor allem da die Straße gerade erst gut geworden ist. Frustriert wendet Michael den Wagen und ohne ein weiteres Wort fahren wir die soeben zurückgelegte Strecke noch einmal. Nach wenigen Kilometern endet der glatte Straßenbelag und wir sind wieder auf der anstrengenden Steinpiste. Das geht an die Substanz.

Unsere Flüche und gegenseitigen Anschuldigungen werden von dem Dröhnen und Klappern unseres Brutis weitestgehend übertönt und das ist auch besser so. Nach anstrengenden Stunden sind wir endlich wieder auf dem Pass, hier muss irgendwo die richtige Abzweigung sein. Als wir den Berg überquert haben und auf der anderen Seite erneut nachfragen, deuten die Männer wortlos in die Richtung, aus der wir gekommen sind. Schäumend vor Wut fahren wir zurück über den Pass und finden nach einigen weiteren Anstregungen endlich den halb verborgenen Weg.
Wir hoffen sehr, bald die Grenze zu erreichen. Eines Abends ist sie schon in greifbare Nähe gerückt und wir versuchen, keine Zeit mehr zu verlieren, um sie vielleicht noch überqueren zu können. Doch das Schicksal will es anders. Als uns ein Jeep vollbeladen mit Benzinkanistern entgegenkommt, geschieht es: Er weicht nicht genügend aus und Michael hat auch keinen Platz auf seiner Seite, um dem Unglück zu entgehen. So passiert es, der Jeep rammt uns an der rechten Seite. Unser kleines Ausstellfenster zersplittert in tausende kleine Scherben, die sich als gefährlicher Regen auf uns ergießen. Zum Glück bekommen wir außer ein paar Schnittwunden nichts Schlimmeres ab und es bleibt beim Sachschaden. Unser Unfallgegner ist ein paar hundert Meter weiter hinten stehengeblieben. Die Leute sind zu fünft und blicken finster in unsere Richtung. Wir haben Angst vor unnötigen Konfrontationen und sehen zu, dass wir schnell von hier verschwinden. Die Zeit drängt, aber noch haben wir die Hoffnung, dass wir es heute bis zur Grenze schaffen. Ein paar Kilometer weiter wird diese dann endgültig zerstört: Es ertönt das wohlbekannte „Päng", als sich ein Reifen verabschiedet. Ausgerechnet jetzt! Das gibt es doch gar nicht! Mit dem Reifen zerplatzen auch unsere Träume, heute noch den Iran zu erreichen. Missmutig machen wir uns an den unliebsamen Radwechsel. Das ist für uns schon fast Routine und so können

wir uns eineinhalb Stunden später die Hände wieder sauber waschen, die Arbeit ist geschafft. Wir blicken nervös in die Weite. Die Grenze hat längst geschlossen, wo sollen wir übernachten? Wir sind nicht unweit von Afghanistan und so ist uns alles andere als wohl bei dem Gedanken, hier in der Wüste zu bleiben. Es mangelt allein an Alternativen und so fahren wir hinter eine langgezogenen Sanddüne, um wenigstens Sichtschutz von der Straße zu haben. Michael malt sich aus, wer uns vielleicht trotzdem hier beobachtet:
„Was glaubst Du denn, wir sind hier in kritischem Grenzgebiet! Solche Gegenden werden immer massiv überwacht – erst recht hier im mittleren Osten. Wir landen garantiert auf irgendwelchen Satellitenbildern von der CIA!" – „Das glaube ich nicht", antworte ich mit Blick zum Himmel. Michael kann nur den Kopf schütteln und ärgert sich ein bisschen, dass ich unserer Nacht hier so sorglos entgegensehe. „Wir können doch sonst nichts machen", ist mein unschlagbares Argument, „also warum sollen wir uns Sorgen machen?" – „Mein Gott, manchmal wäre ich gerne so leichtsinnig wie Du", sagt Michael kopfschüttelnd. Glücklicherweise behalte ich mit meiner Prognose recht und es passiert rein gar nichts. Tatsächlich ist es ein schöner Schlafplatz und es bleibt die ganze Nacht ruhig. Am nächsten Morgen erreichen wir schließlich die lang ersehnte Grenze zum Iran.

## Sitzstreik auf der Straße

Wir sind froh, der angespannten Atmosphäre von Pakistan zu entfliehen. Doch es ist nicht vorbei. Schon direkt nach der Grenze müssen wir über zwei Stunden auf eine Polizeieskorte in die nächste Stadt warten. Es ist sehr heiß und ich sitze schwitzend mit Kopftuch und natürlich langärmlig im Bruti. Wir sind genervt, wagen es aber nicht, einfach so weiter zu fahren. In Zahedan angekommen, werden wir wieder abgestellt und müssen erneut warten, bis endlich die Soldaten fertig sind, die uns nun begleiten sollen. Als sich in der Kaserne gar nichts tut, geht Michael verärgert rein. Die Männer spielen frei von Stress und Hektik Fußball auf dem Hof und unser Geduldsfaden droht zu reißen. Leider haben sie noch immer unsere Pässe. Michael verkündet laut dass er mit mir einen Sitzstreik auf der Straße machen wird, wenn wir nicht bald fahren dürfen. Kurz bevor es dazu kommt, erscheint endlich der zuständige Offizier. Wir wiederholen unsere Drohung, wollen uns den Passentzug nicht gefallen lassen. Schließlich organisiert der Offizier vier seiner Männer, die uns in einer langen Irrfahrt durch die Stadt bringen. Nach ewigem Hin- und Her geben sie uns endlich die Pässe zurück.

Dann beginnt unsere Marathonfahrt durch den Iran.
Leider werde ich in den nächsten Tagen krank, ich habe starken Durchfall und kann nichts mehr bei mir behalten. Erschöpft

liege ich hinten auf unserem Klappbett und schlafe Stunde um Stunde, während Michael unermüdlich am Steuer sitzt. Bis tief in die Nacht lenkt er unseren Bruti Kilometer um Kilometer weiter Richtung Heimat. Er hält nur wenn es sein muss: zum Austreten, Einkaufen, Tanken oder Essen. Bei jedem Stopp besucht er mich an meinem Krankenbett, versorgt mich mit Wasser und versucht mir Nahrung irgendwelcher Art einzuflößen. Ich habe fast keinen Appetit und komme nur langsam wieder zu Kräften.
Als ich langsam wieder fit werde, hat Michael uns etwa achthundert Kilometer weiter westlich gebracht. Wir sind kurz vor den Toren Esfahans und ich kann ihn schon wieder beim Fahren ablösen. Auf einer großen Straße höre ich neben mir ein Motorrad hupen, blicke aber weiter stur geradeaus, da ich gegen die erhöhte Aufmerksamkeit der Iraner schon abgehärtet bin. Ich höre, dass das Fahrzeug weiter neben uns fährt, die Leute versuchen sicher, Blickkontakt aufzubauen. Endlich schaue ich nach links um zu sehen, wer da ständig um unsere Aufmerksamkeit bemüht ist. Überraschenderweise blicke ich in zwei hellhäutige Gesichter auf einem BMW-Motorrad, die mich freundlich angrinsen. Wenig später halten wir an und laden Olaf und Barbara in unsere fahrenden sechs Wände ein. Die beiden sind auch aus Deutschland und wir unterhalten uns prächtig. Sie reisen zusammen auf einem Motorrad, haben sich und ihre Maschine nach Indien einfliegen lassen. Sie erzählen uns, dass man ab 80 km/h kaum mehr aus einer Flasche trinken kann, da der Fahrtwind das Wasser davon spritzt. Ein Motorrad birgt eben nochmal andere Herausforderungen.

In Esfahan steckt Barbara ihr Kopftuch pragmatisch mit einer Wäscheklammer am Hals zusammen und rüstet sich so für die Großstadt. Hier können wir am Besten beobachten, wie die konservative Bevölkerung ein wenig von ihrer Jugend unterwandert wird. Viele Mädchen tragen enge Mäntel, die zwar den Po bedecken, aber seine Form deutlich untermalen. Ihre Kopftücher haben viele nach hinten gezogen, das kleine Stück Kopfhaar, dass dadurch zu sehen ist, haben sie kunstvoll drapiert und oft blond gefärbt – ihre einzige Möglichkeit, ein wenig Frisur zur Schau zu stellen. Als ich mich neben Barbara im Gedränge der Straßen Esfahans weiterschiebe, spüre ich plötzlich eine Hand auf meinem Hintern, die da nicht hingehört. Michael geht mit Olaf vor uns. Auch Barbara sieht sich verstört um und nach einem kurzen Blickkontakt mit mir proben wir den Aufstand. Wir haben den Grapscher enttarnt und schimpfen laut auf ihn, so dass unsere Männer innehalten und sich nach uns umwenden. Als sie gehört haben, was passiert ist, sind sie nicht mehr zu bremsen. Laut schimpfend und gestikulierend stellen sie den Mann auf offener Straße, so dass auch Passanten auf uns aufmerksam werden. „Du berührst meine Frau?" schimpft Michael. „Wir passen uns an, meine Frau trägt Kopftuch und Du berührst Sie?!" Während der Standpauke eilen zwei junge Mädchen herbei, die sehr gut englisch sprechen. Sie beruhigen Michael und bestätigen, dass der Mann kein guter Muslim ist. Die beiden sind sehr nett zu uns und laden uns zum Essen ein, um den Vorfall zu entschärfen. Dazu sagen wir nicht nein und wir haben einen gemütlichen Abend in einem Snack-Restaurant. So wickelt uns das Land Iran und seine freundlichen Menschen gleich wieder um den Finger. Das ist es auch, was das Reisen so besonders macht.

Für die nächsten Tage in Esfahan haben wir großes vor: Wir wollen das handwerkliche Geschick der Iraner nutzen und unserem Bruti eine komplette Sanierung spendieren – der Preis dürfte vergleichsweise günstig sein. Doch wie sollen wir so eine Mission anpacken? Wir fragen uns mühsam durch, bis wir das Viertel der Autowerkstätten finden. Unsere ersten Anfragen werden abgewiesen, doch da spricht uns ein junger Mann an.

Karem wohnt in der Nähe und spricht ganz passabel Englisch. Er hilft uns, eine Werkstatt zu finden, die Kapazitäten für unser Projekt hat. Die Verhandlungen gehen schnell vonstatten. Für 800 US-Dollar wollen die Handwerker unseren Bruti entrosten und neu lackieren. Die großen Rostlöcher sollen mit eingeschweißten Blechen ausgebessert werden. Ein Traum für uns, soll er wirklich wahr werden? Brutis Blechkleid war schon von Anfang an etwas modrig und die letzten zigtausend Kilometer haben neue, unansehnliche Spuren hinterlassen. Wir haben schon große Rostlöcher am Tankdeckel und an den Türrahmen, auch der Unterboden hat schon bessere Tage gesehen – die Vorfreude ist groß. Karems Vater hat genug Platz, wir dürfen unser Lager in seinem Innenhof aufschlagen. Sogar die Hunde dürfen ins Haus. Zusammen mit der ganzen Familie räumen wir Stück für Stück all unsere Sachen aus den Schränken – eine Anweisung der Handwerker. Das ist das einzige Mal, dass wir alles gesammelt auf einem Haufen sehen! Der ganze Flur des Hauses ist bald voll mit Kisten, Tüten, Töpfen, Matratzen und Kleiderbergen. Endlich ist es geschafft und unser Fahrzeug ist leer. Wir bringen den Bruti zur Werkstatt und richten uns bei der freundlichen Familie häuslich ein.

Nur wenige Stunden später krümmt sich Michael vor Bauchkrämpfen auf der Matratze. Er hat dieselben Symptome wie ich vor einigen Tagen. Die Familie und vor allem Karems Schwester Zeynab versorgen uns sehr liebevoll und nehmen sogar Rücksicht darauf, dass wir auch Zeit und Ruhe für uns brauchen. Als sie fragt, was wir essen möchten, bittet Michael um vegetarische Kost. Diese Forderung stellt die Familie zunächst jedoch vor ungeahnte Probleme: „Aber... was soll er dann essen?“ fragt mich Zeynab ungläubig. Fleischlose Küche ist im Iran nicht besonders populär und wir müssen extreme Überzeugungsarbeit leisten. Dann macht sie uns einen sehr

schmackhaften Salat, der tatsächlich ohne Fleisch ist und uns trotzdem rundum befriedigt. Michael ist immer noch nicht fit, deswegen will er nicht aus dem Hause gehen. Karems Familie hat für heute einen Ausflug geplant, ich soll sie alleine begleiten. Wir starten zu dritt in Karems kleinen PKW und holen dann fünf weitere Familienmitglieder ab. Staunend beobachte ich, wie alle acht in dem Auto Platz finden – sogar so, dass ich normal und bequem sitzen kann. Die geübten Iraner bugsieren uns Männer und Frauen geschickt auf die Sitze, so dass sich niemand berühren muss, der nicht verwandt oder verschwägert ist.
Wir fahren ein Stück und stoppen an einem Autobahnkreuz. Während der Fahrt hat Zeynab ihren Arm um mich gelegt. Mit so etwas habe ich so meine Probleme und ich bin froh, als wir anhalten. Am Autobahnkreuz sind Grünflächen – schon hübsche und saubere Grünflächen – aber es ist ein vielbefahrenes Autobahnkreuz. Die Familie breitet einen Teppich aus, wir setzen uns – wie viele andere Familien und Grüppchen – auf diese Wiese. Man sagt mir, dass Esfahan bei Nacht sehr schön sei. Das ist vermutlich auch so, beispielsweise wenn man sich auf diesem originellem Berg befindet, der sich unweit unseres Platzes erhebt. Doch wir bleiben hier.
Die Männer lassen uns Frauen eine Weile alleine, dann kommen sie mit acht Pizzen und zwei große Flaschen Pepsi zurück. Wow, ich freue mich! Es schmeckt mir sehr gut, aber ich werde das Gefühl nicht los, dass keiner außer mir Pizza mag. Es ist wohl das Spezial-Dinner für den Gast aus Deutschland. Die anderen essen alle etwa ein Drittel von ihrer Pizza, der Rest bleibt übrig. Nach dem Essen will Zeynab mit mir Spazierengehen. Am Autobahnkreuz? Trotzdem willige ich ein und wir gehen auf den großen Berg zu. Als wir die Autobahn überqueren, ergreift Zeynab meine Hand. Schon wieder Körperkontakt. Ich steuere auf eine Laterne zu, so dass sie meine Hand loslassen muss. Danach lächelt sie mich an und

ergreift sie erneut.
Wir sind in einem großen Park, der den Berg umgibt. Es ist alles sehr hübsch angelegt, die Wege sind hell erleuchtet und auf den Grünflächen tummeln sich Familien auf ihren Decken – so wie wir weiter unten am Autobahnkreuz.
Es wird noch schlimmer als Zeynab meine Hand näher zu sich zieht und mir sagt, dass sie hier Angst hat. Es sei so komisch ruhig und die Polizei hätte gesagt, man müsse vorsichtig sein, es könnte hier wilde Tiere geben. Diese Aussage überrascht mich einigermaßen. Wir wandeln hier durch eine perfekt gepflegte Grünanlage mit großen, breiten, beleuchteten Wegen. Es gibt Toiletten, Wasserhähne mit Trinkwasser, Blumenbeete, kleine Sportanlagen. Überall sind Menschen unterwegs und gehen alleine oder in Grüppchen an uns vorbei. Und da erzählt mir die Frau was von wilden Tieren? Das kann ich nicht glauben, so dränge ich sie zum Weitergehen. Wir trotten also weiter Richtung Berg. Die kleine Frau, die an meiner Hand hängt, und ich. Manche Passanten schauen uns auffordernd und neugierig an, sagen „salam", hallo, aber Zeynab zieht mich jedes Mal schnell und nervös weiter. Es sind junge Burschen, anständig gekleidet und oft in Begleitung ihrer Freundinnen oder Schwestern. Wer von ihnen ist nun das wilde Tier? Wir erreichen ohne Überfall oder Tierattacke den Fuß des riesigen Felsen.
Zeynab erklärt mir, dass sie doch nicht auf den Berg möchte, da sie müde ist. Lieber würde sie sich hinsetzen und ausruhen. Wir machen eine Pause auf einer Steinmauer – nach gerade mal zwanzig Minuten Fußmarsch. Seit ein paar Minuten schon klingelt unaufhörlich ihr Handy, sie telefoniert auf Farsi. Ich denke mir nicht viel dabei, vermute aber schon ihren Bruder Karem am anderen Ende der Leitung. Während wir auf der Mauer sitzen kommen fünf Mädels angelaufen, die sich im Halbkreis vor uns aufstellen. Sie fragen mich nach meinem Namen und Herkunftsland, dann wissen sie nicht mehr, was

sie sagen sollen. Trotzdem bleiben sie in Formation stehen und lächeln mich verlegen und neugierig an. Die Mädels sind sehr freundlich, ich mache ein paar Fotos und versuche, mit ihnen zu kommunizieren. Zeynab ist sehr unsicher und sie kommt trotz der gleichen Muttersprache nicht mit ihnen ins Gespräch.

Genau in diesem Moment erscheint ein schweissgebadeter, panischer Karem. Er begrüßt uns mit: „Wo seid ihr denn, ich hab' mir solche Sorgen gemacht, es ist so gefährlich für Euch alleine hier im Park. Ich schaue ihn ungläubig an und frage, was denn passieren soll. Ich deute auf die verlegen lächelnden Mädchen, die immer noch dastehen und frage ihn, ob die uns vielleicht überfallen wollen. Er erklärt mir, es könnte sein dass einzelne Männer unterwegs sind, die Wodka und Whiskey getrunken haben und nun verrückt sind. Wenn sie zwei hilflose Frauen wie uns sehen, könnten sie uns gefährlich werden. 'Ich will auch was von dem Schnaps haben', denke ich mir angesichts der etwas absurden Situation.

Auf dem Weg zurück streiten Karem und Zeynab erregt auf Farsi. Er macht ihr vermutlich Vorwürfe, wie sie ein solches Risiko eingehen kann, schließlich sind sie meine Gastgeber und dafür verantwortlich, dass mir nichts passiert. Ich hätte gerne gewusst, was sie geantwortet hat. Später unterhält sich Karem mit einem Mann, danach folgt wieder eine heftige Diskussion mit Zeynab. Sie erklärt mir, das sei der Sicherheitsmann des Parkes, der hätte wohl bestätigt, dass es für zwei Frauen im Park durchaus gefährlich sei. Ich ziehe bald meinen eigenen Schluss: Es geht gar nicht um Gefahr, es geht darum, dass es sich nicht gehört, dass zwei Frauen ohne Ehemann, Vater oder Bruder hier einfach herumlaufen. Wo kämen wir denn da hin?
Als wir zu den anderen am Autobahnkreuz zurückkehren, zeigt Zeynab mir ihren „Cycle-Coach-Pass“. Ich dachte erst, das sei die Lizenz dafür, dass sie andere Leute im Fahrradfahren

unterrichten darf. Aber weit gefehlt. Es ist die Erlaubnis dafür, dass sie überhaupt Fahrrad fahren darf, denn normalerweise ist es für Frauen generell verboten. So ist es eben auch nicht gewünscht, dass zwei Frauen alleine durch den Park laufen. Das erschreckt mich mehr als jede Kopftuchregelung und ich bin froh, als wir wieder zurück zu Michael fahren. In dem Haus dürfen Zeynab und ihre Schwestern und Tanten übrigens auch nicht ihr Kopftuch abnehmen – der Vater und Kopf der Familie ist schon alt und sehr konservativ.

Trotzdem sind wir bei dieser Familie wirklich gut aufgehoben. Sie sind bisher die einzigen, die unser Bedürfnis nach Privatsphäre entgegen aller Pflichten als Gastgeber berücksichtigen. Hier können wir wirklich in Ruhe ausspannen und Michael hat seine Vergiftung auskuriert. Dann machen wir uns wieder bereit – wir wollen weiter. Wir können endlich unser Auto abholen. Unsere Hoffnungen auf einen strahlend neuen Bruti werden jäh zerschlagen. Die Handwerker übergeben uns das Fahrzeug im gleichen bedauernswerten Zustand, wie wir ihn abgeliefert hatten. Nach den ersten drei Handgriffen an unserem Fahrzeug haben sie angesichts der vielen großen Rostlöcher aufgegeben und gar nicht erst weiter gearbeitet. So haben wir zusätzlich noch ein paar neue, unschöne Stellen an der Karosserie, halb angeschliffen und mit dem Schraubenzieher durchgestoßen. Wir sind mehr als enttäuscht, aber es wäre auch zu schön gewesen um wahr zu sein. Alles umsonst.
So verlassen wir Esfahan leicht demoralisiert in unserem treuen, verrosteten Bus.

Wir haben kurz vor Teheran leichte Probleme – wieder mit der Lichtmaschine, zum Glück finden wir aber eine kompetente Werkstatt, die uns hilft. Vorher hatten wir vier Deutsche getroffen, die uns geholfen haben, dorthin zu finden. Sie sind

Techniker, die auf Montage hier arbeiten und total überrascht, Reisende wie uns im Iran zu treffen. Sie beschenken uns mit reichlich Kartoffeln, Zwiebeln, Bananen und Wasser.

Es dauert nicht mehr lange und wir können das Land der Kopftuchpflicht hinter uns lassen: Wir sind in der Türkei!
An der Grenze läuft alles wie geschmiert. Die Iraner wollten zuerst in den Bruti sehen, doch als beide Hunde nach vorne springen, nehmen sie schnell von dem Gedanken Abstand.
Der Beamte auf der türkischen Seite schläft in seinem Häuschen. Als ich ihn wecke, drückt er uns missmutig die Stempel in die Pässe. Wir sind offiziell eingereist und ich ziehe mir erleichtert das Kopftuch herunter.

## Türkei – bald wieder zu Hause

Die Türkei bietet uns neben lange entbehrten Genüssen wie Schafskäse, Oliven und Ekmek-Brot wunderschönes Wetter, eine zerklüftete Landschaft entlang dem Meer und ruhige, oft sehr abgelegene Schlafplätze. Als wir uns der Touristenregion Antalya nähern, bleibt ein kleiner Kulturschock nicht aus. Im Juni ist hier viel los und die Hotels sind voller sonnenhungriger Urlauber – überwiegend aus Deutschland. Auf dem Markt werben die Händler mit Slogans wie „billiger als bei Aldi", aber das Schlimmste sind die vielen schlechtgelaunten Deutschen, die wir hier treffen. Wir hatten wirklich gehofft dass wir entspannte Touristen treffen würden, die in Ferienlaune mit uns am Strand sitzen. Doch dem ist nicht so, die Urlauber ziehen sich in ihre Hotels und abgetrennten Strand-Bereiche zurück und sind nur zu sehen, wenn sie mürrisch durch die Straßen laufen.

Wir nähern uns ziemlich schnell der Grenze zu Griechenland. Hier wartet die größte Hürde auf uns, über die wir uns schon seit Wochen den Kopf zerbrechen: Wir werden in die EU einreisen und müssen hoffen, dass es keine Probleme wegen unserer kleinen Diu gibt. Mit unserem mühevoll erstellten Hundepass im Gepäck haben wir schon tausend Mal überlegt, was uns wohl passieren könnte. Aberwitzige Pläne sind entstanden, zuletzt wollten wir getrennt voneinander die Grenze passieren, ich mit Diu und dem Bus, Michael als

Alleinreisender mit Gomolf und einem Rucksack. Zweck der Aktion wäre allein, dass die Beamten die beiden Tierpässe nicht nebeneinander sehen. Doch kurz vor der Grenze verwerfen wir alle Pläne und beschließen, es einfach zu versuchen. Augen zu und durch! Wir geben Diu eine halbe Valium-Tablette in der Hoffnung, sie würde bald einschlafen und wir könnten sie vielleicht unter dem Tisch oder auf dem Bett verbergen. Alle anderen Verstecke von der Dachbox über den Schrank bis zur Kiste unter dem Tisch haben wir schon ausgeschlossen. Die Gefahr ist zu groß dass die Grenzer den Hund entdecken und automatisch davon ausgehen werden, dass wir etwas zu verbergen haben. Aber schließlich haben wir im Iran alle nötigen Impfungen machen lassen und viele Tierarzt-Stempel in dem Pass gesammelt. Also kann uns nicht viel passieren, denken wir, und begeben uns mit klopfenden Herzen an den ersten Grenzposten. Der Hund macht leider keinerlei Anstalten, zu schlafen oder überhaupt ruhig zu werden. Im Gegenteil, sie ist fit wie nie und springt nervös im Bruti herum. Ich wollte sie eigentlich unter dem Tisch festbinden, doch schon bei der ersten Kontrolle sollen wir alle aussteigen – auch die Hunde. Unser Bus wird in einer riesigen Anlage komplett geröntgt. Die Zöllner suchen nach Antiquitäten und Drogen. Unsere Hunde freuen sich, dass sie raus dürfen und springen übermütig auf dem Grenzgelände herum. Das ist uns gar nicht recht, denn wir wollen eigentlich nicht, dass jeder gleich sieht, dass wir zwei Hunde dabei haben. Wir dirigieren sie zurück in den Bus und fahren nervös zum nächsten Posten. Wird man hier nach den Hundepässen fragen? Wir müssen einen Polizisten in unser Zuhause lassen, er entdeckt die beiden Hunde natürlich sofort. Gomolf springt gleich nach Vorne und begrüßt den Beamten schwanzwedelnd. Diu sitzt stur auf der Rückbank. Mein Versuch, sie unter dem Tisch zu fixieren, schlug schwer fehl. Sie hat nun beschlossen, auf der Klappbank zu bleiben und sich nicht mehr wegzubewegen. Der Polizist will aber die Klappe

öffnen um zu sehen, was in dem Stauraum ist. Der Hund soll runter. Als Diu sich partout nicht rührt, klappt er kurzerhand die Bank mitsamt dem Hund nach oben. Darunter ist Michaels Werkzeug – der Mann kann nichts Interessantes entdecken. Vor lauter Hund vergisst er vielleicht, dem Verantwortlichen Bescheid zu sagen, jedenfalls kommt die Überraschung. Der Zöllner winkt uns kommentarlos durch – ohne weitere Papiere sehen zu wollen. „Gute Reise", ruft er uns zu, sogar auf deutsch, und winkt freundlich. Wir können es noch kaum glauben und fahren mit Vollgas nach Griechenland – zurück in die EU. Unser Familien-Rudel, kurz: Famudel, ist komplett und legal eingereist.
In Griechenland sind wir schon so gut wie zu Hause. In einem Lidl-Supermarkt gibt es Wiener Würstchen, Schinken und Käse in reichlicher Auswahl. Es desillusioniert uns etwas... schmeckt aber gut.
Die Überfahrt nach Italien ist lustig, da viele andere Touristen an Bord der Fähre sind. Dort erfahren wir auch von der neuen Regelung, die pünktlich zur Sommerreisezeit für Italiens Straßen verabschiedet wurde: Jeder, der einen Anbau wie Fahrrad- oder Gepäckständer am Fahrzeug hat, muss eine große, schräg weiß-rot gestreifte Tafel hinten drauf befestigen, sonst drohen saftige Bußgelder, die mittlerweile auch in Deutschland geahndet werden. Als wir wieder im Bus sind, betrachten wir ratlos unseren Fahrradständer, der nicht nur das Nummernschild, sondern auch die Rückbeleuchtung verdeckt. Es wäre pures Glück, damit ungesehen von der Polizei durch Norditalien zu kommen. Das wollen wir nicht riskieren! So kommt es, dass zwei heimkehrende Reisende auf einem Autobahnrastplatz auf ihrem Fahrradständer herumspringen, bis er endlich abbricht und in Einzelteilen im Wohnbereich verstaut werden kann. Die Räder werfen wir einfach auf die hinteren Bänke. Die Passagiere in einem Reisebus beobachten neugierig unser seltsames Treiben, dann spricht uns ein Mann

an: „Ihr kommt von weit her, nicht war?“ – „Ja... wir kommen gerade aus Nepal. Wir waren in Indien und Pakistan und jetzt fahren wir nach Hause. Aber woher wissen Sie das?“ frage ich. – „Weil ihr so unglaublich dreckig seid“, antwortet der Mann schmunzelnd mit Blick auf unser über und über staubbedecktes Auto. Tja, da hat er nicht ganz unrecht und zeigt uns, dass es überall auf der Welt Menschen gibt, die ein Auge für das Besondere haben.

Als wir über die Alpen nach Österreich fahren, sinkt unser Thermometer das erste Mal seit Indien auf nur 18 °C. Die kleine Diu reagiert sofort und verkriecht sich instinktiv in meinem Schoß. Kein Wunder, schließlich hat sie in ihrem Leben noch nie Temperaturen unter fünfundzwanzig Grad gefühlt.
Gomolf hat sich mal wieder im Fußraum des Beifahrers verkrochen. Er ist mittlerweile zu einem prächtigen, großen Hund herangewachsen und muss sich sehr klein einrollen, um reinzupassen – doch es scheint ihn nicht weiter zu stören.

Als wir Deutschland erreichen ist der Himmel bedeckt und wenig freundlich. Der Radiosender spielt dieselben Lieder wie vor sieben Monaten, als wir gestartet waren. Schließlich fahren wir mit laut singender, indischer Hupe und zwei Hunden an Bord am 02. Juli 2007 nach knapp 40.000 Kilometern, sieben Monaten und einer Wahnsinns-Reise in unsere Straße zu Opas Haus in Gröbenzell. Mein Opa hat unsere Reise indirekt mitfinanziert, daher haben wir sie inoffiziell nach ihm benannt: Die Rudolf-Krummhaar-Gedächtnistour. Und sie endet genau hier, wo sie angefangen hat. Die Nachbarn empfangen uns neugierig und bestürmen uns mit allen möglichen Fragen. Keiner kann sich so recht vorstellen, dass wir wirklich in Indien waren. Wir selbst brauchen erst einmal ein paar Wochen um zu begreifen, dass wir wieder in Deutschland sind.

**Brutis Ende**

Was ist aus unserem geliebten, rollenden Zuhause geworden? Dieses Wunderwerk der Ingenieurskunst und Technik hat uns tatsächlich aus eigener Kraft von Gröbenzell bis nach Kathmandu getragen – und wieder zurück. Wir hatten keine schlimme Panne. Bis auf einige Reifen, zahllose Außenspiegel, Fenster, Kohlen der Lichtmaschine und einem Kugellager ist nichts an diesem Auto während der Fahrt kaputt gegangen. Wir haben uns in seinem Inneren gestritten, geliebt, gehasst und gefreut – während er stets gleichmütig brummte. Doch was nun?

Nach unserer Rückkehr musste natürlich schnell wieder Geld her. Wir taten, was uns naheliegend schien, packten den Bruti mit Kisten und Körben voll und fuhren so alle Flohmärkte der Umgebung an. Tapfer trug unser Gefährt seine neue Bürde. Doch nach etwa drei Wochen versagte er schließlich sang- und klanglos seinen Dienst. Als hätte er keine Lust, als Arbeitstier zu enden, weigerte sich der Bus von einem Tag auf den nächsten und sprang nicht mehr an. Nie wieder.
Wir haben ihn so wie er war auf ebay verkauft und noch rund 450 Euro dafür bekommen. Nach zwei Wochen wurde er von einem riesigen ADAC Abschleppfahrzeug aufgepackt und wegtransportiert. Bedrückt verfolgten wir die Szene. Bruti war uns sehr ans Herz gewachsen, doch die Zeit mit ihm ist nun

vorbei.

Wir zehren noch immer von den Eindrücken und vor allem den Erfahrungen, die wir auf dieser Reise gesammelt haben. Die Bilder davon werden für immer in unseren Köpfen sein. Trotz aller Hürden hat es sich als große Bereicherung für jeden von uns und für die Partnerschaft erwiesen. Es war ein echtes Abenteuer, dass wir gemeinsam durchgestanden haben. Wir haben gelacht, geflucht, gestritten, geschwitzt, waren hungrig, müde, durstig und überglücklich – oft alles am selben Tag. Wir haben Krankheiten überstanden, riesige Wüsten durchquert, aufregende Menschen getroffen und ständig versucht, irgendwie weiter zu kommen. Wir hatten die tägliche Freiheit, dahin zu fahren, wo wir möchten. Schon als wir die Tore unseres alten, geliebten Hauses betreten, wissen wir: Wir hören nicht auf.

Fortsetzung folgt.

**Outtakes:**

Die besten Fragen und Kommentare, die wir bekommen haben:

- Mit dem Auto würd' ich mich nichtmal bis auf Straubing trauen! *(Michaels Vater, vor der Reise)*

- Bekommt ihr von Eurer Regierung Geld dafür, dass ihr diese Reise macht? *(pakistanischer Grenzbeamte)*

- Sag' Deinem Hund, er soll hier nicht schnüffeln! *(Iranischer Tierarzt in Esfahan)*

- Habt Ihr noch andere Tiere im Auto... eine Schlange oder so? *(Iranischer Grenzbeamter)*

- Was kostet Dein Hund? *(gefragt von unzähligen Leuten verschiedener Kulturen, jedoch immer nur nach Gomolf)*

- Ihr hättet Euch für die Reise einen VW-Bus kaufen sollen! *(Unser Nachbar nach unserer Rückkehr, Besitzer eines T4)*

- Das Auto willst Du noch verkaufen? Mein Gott, ist der verrostet! *(Michaels Vater, nach der Reise)*

*Weitere Fotos der Reise und Infos über unser aktuelles Projekt finden Sie unter:*

www.auf-in-die-fremde.info
www.cycle-for-a-better-world.org

**Die Akteure:**

*Sybille Fleischmann, geb. 1984 in München:*
Seit die Sozialpädagogin ihr Studium beendet hat, hält sie nichts mehr in Deutschland. Die vielen Eindrücke der langen Reisen sind der Grundstein für ihre Karriere als Autorin und Journalistin.

*Michael Josef Fleischmann, geb. 1973 in Cham*
Schon in jungen Jahren bereiste der ehemalige Soldat ferne Länder auf eigene Faust – und träumte immer von einem: Einer Reise mit offenem Ende – Geld verdienen kann er als Techniker, Händler oder Fotograf schließlich überall.